高等院校创新型系列教材

现代物流综合实训

主　编　段林娟　董红艳　车丹丹
副主编　方春艳　张国伟　原　强　韩　良

北京理工大学出版社
BEIJING INSTITUTE OF TECHNOLOGY PRESS

版权专有　侵权必究

图书在版编目（CIP）数据

现代物流综合实训 / 段林娟，董红艳，车丹丹主编. -- 北京：北京理工大学出版社，2024.3
ISBN 978-7-5763-3747-1

Ⅰ. ①现… Ⅱ. ①段… ②董… ③车… Ⅲ. ①物流-高等学校-教材 Ⅳ. ①F252

中国国家版本馆 CIP 数据核字（2024）第 066392 号

责任编辑：王梦春　　**文案编辑**：闫小惠
责任校对：周瑞红　　**责任印制**：施胜娟

出版发行 / 北京理工大学出版社有限责任公司
社　　址 / 北京市丰台区四合庄路 6 号
邮　　编 / 100070
电　　话 /（010）68914026（教材售后服务热线）
　　　　　　（010）68944437（课件资源服务热线）
网　　址 / http：//www.bitpress.com.cn

版 印 次 / 2024 年 3 月第 1 版第 1 次印刷
印　　刷 / 三河市天利华印刷装订有限公司
开　　本 / 787 mm×1092 mm　1/16
印　　张 / 14.5
字　　数 / 338 千字
定　　价 / 47.80 元

图书出现印装质量问题，请拨打售后服务热线，负责调换

前　言

　　党的二十大报告提出"建设高效顺畅的流通体系，降低物流成本"。在新时代发展格局下，物流业扮演着越来越重要的角色。中国物流业的新时代将由智能物流引领开启，借助互联网、物联网、大数据、云计算、人工智能、区块链等技术手段，对传统物流业进行智慧化的创新。物流业必须坚持以"守正创新"为推动行业勇毅前行的内生动力，坚持以"问题导向"为破解行业发展堵点、治理难点的有效手段，坚持以"系统观念"为行业变革重塑、打造行业战略高地的持久助力，坚持以"胸怀天下"为谋划行业高质量发展格局的方向指引，深入推进行业高质量发展。为更好地服务物流业，大学生应该结合时代的发展重新认识物流业。《现代物流综合实训》主要结合物流企业岗位必备的实践能力进行编写，是贯通整个现代物流管理专业的实训参考书，通过对教材和课程的学习，培养学生在组织管理、专业团队协作、现场问题分析与处理、工作效率、质量与成本控制、安全及文明生产等方面的职业素养。

　　本教材主要的特点如下。

　　①精准匹配物流业主要岗位。

　　教材建立在校企深度融合的基础上，精准挖掘物流企业工作中相关的岗位需求及岗位技能，明确实训项目体系以及各个项目应该达到的实训目的、训练方式及场景，真正实现物流人才培养目标。

　　②解决实训类教材形式和内容单一的问题。

　　教材是按照"以学生为中心、以学习成果为导向、促进自主学习"的思路进行开发设计的，弱化"教学材料"的特征，强化"学习资料"的功能，通过教材引领，构建深度学习管理体系。教材内容通俗易懂，图文并茂，形式新颖活泼，并以二维码的方式插入视频，学生可以通过扫描二维码观看相应资源，随扫随学，有利于激发学生自主学习的兴趣，实现高效课堂。

　　③在项目中融入思政教育。

　　教材中有很多关于物流岗位的内容，还设置有素养园地，可以乘势开展思政教育，培养职业道德、团队精神、爱岗敬业和诚信廉洁等品质，激发学生的专业自豪感、爱国情怀，培养学生求真务实、精益求精的工匠精神，以及踏实严谨、耐心专注、吃苦耐劳等优秀品质。

　　本书由7个项目、27个任务组成。项目一为工作准备，项目二为物流客户开发与管理，项目三为仓储布局设计与仿真，项目四为执行仓储作业，项目五为编制采购计划，项目六为运输方案优化，项目七为执行配送作业。

本书由运城职业技术大学段林娟、董红艳、车丹丹、方春艳、张国伟、原强和中国邮政集团有限公司聊城分公司韩良共同编写。段林娟、董红艳、车丹丹任主编，方春艳、张国伟、原强、韩良任副主编。具体分工如下：段林娟编写项目一，董红艳编写项目五、项目六，车丹丹编写项目三，方春艳编写项目四，张国伟编写项目二，原强、韩良编写项目七。段林娟、董红艳负责全书的总体策划、结构设计和统稿。

在编写本书时，编者查阅、参考和引用了许多相关的资料，从中得到很多教益和启发，在此一并对这些资料的作者表示深切的谢意。

由于受理论水平、实践经验和时间因素的制约，书中难免存在不妥之处，敬请各位专家和广大读者提出宝贵意见和建议，以便进一步修订和完善。

编 者

2024 年 1 月

目 录

项目一　工作准备 ·· 1
 工作任务一　认识物流企业 ··· 3
 工作任务二　认识仓储中心 ··· 7
 工作任务三　认识物流现代化设备 ··· 13

项目二　物流客户开发与管理 ·· 19
 工作任务一　确定客户 ··· 23
 工作任务二　物流客户开发 ·· 32
 工作任务三　物流客户管理 ·· 36
 工作任务四　客户关系绩效管理 ·· 48

项目三　仓储布局设计与仿真 ·· 56
 工作任务一　仓库布局设计 ·· 59
 工作任务二　仓储布局图绘制 ··· 66
 工作任务三　仓储作业流程与储位设计 ·· 70
 工作任务四　仓库布局仿真模型构建 ·· 76
 工作任务五　仿真模型数据文件制作 ·· 84

项目四　执行仓储作业 ··· 96
 工作任务一　入库准备与验收 ··· 98
 工作任务二　物动量 ABC 分析 ··· 108
 工作任务三　货物组托与上架 ·· 118
 工作任务四　盘点作业 ··· 127
 工作任务五　出库作业 ··· 132
 工作任务六　精益 5S 管理 ·· 147

项目五　编制采购计划 ··· 152
工作任务一　选择供应商 ·· 155
工作任务二　确定采购量 ··· 161
工作任务三　确定采购价格 ·· 170

项目六　运输方案优化 ··· 175
工作任务一　运输管理系统 ·· 177
工作任务二　核算运输费率 ·· 196
工作任务三　优化运输成本 ·· 204

项目七　执行配送作业 ··· 210
工作任务一　优化配送路线 ·· 212
工作任务二　完成货物配装配载 ··· 218
工作任务三　提升配送服务 ·· 221

参考文献 ·· 225

项目一　工作准备

项目导学

干一行爱一行，不忘从业初心

　　全国劳动模范和先进工作者每五年评选表彰一次，代表着我国劳动工作者的最高荣誉。京东的"80后"配送员宋学文成为首个获得"全国五一劳动奖章"的快递员。宋学文在京东物流工作的近10年时间里，行走超过32万千米、配送30万件包裹，零误差、零投诉、零安全事故，在平凡岗位上十年如一日，把每天的寄送快递做成了一门"学问"，用"有速度更有温度"的服务初心，赢得了所有他服务的消费者的尊重。

　　宋学文来自内蒙古自治区赤峰市，大专毕业后当过工人、干过个体、做过物业主管，2011年加入京东物流，作为中关村鼎好营业部的普通一员，负责当地的快递配送服务。起初，选择到京东物流做快递员，"多劳多得""能缴纳五险一金"是重要原因，为了让家里人过上稳定的好日子，宋学文进入了这个披星戴月的行业。他每天早上5点多出门，晚上11点才能到家，在一天又一天的工作中，他感受到了客户对自己的认可，也认识到了快递行业的价值。

　　在一个下雨天，一位客户非常着急，因为需要他在半小时内把货物送到会议现场。不巧的是，那天来货特别多，站点堆得满满当当，要从中找到这位客户的货物非常困难。宋学文没有抱怨，一件件翻找着，硬是从2 000多件货品中找到了客户的货物。送完货物回来时，他全身已经湿透。有一次，宋学文在给一位公司客户送礼品时，对方只有两个值班的行政人员，整个公司的六大箱礼品要分发到几百名员工的工位上，他二话没说就帮对方挨个分发了一遍。"我多搭一把手，人家可以腾出更多的时间去忙自己的工作。"宋学文说。

　　"干一行爱一行，就是要不忘初心，时刻保持对工作的热情，在最平凡的岗位上把自己的价值发挥到极致。"这是宋学文对快递员工作的理解，他靠着为一单单快递独创的配送方式，成为北京中关村的独特一景：每天上午，他都会按照货品大小码放货物，大件在下，小件在上，紧急的放明显位置；下午再按照收货公司、收货人的下班时间，把下班较晚的收件人的货物放在下面，把下班较早的收件人的货物放在上面。宋学文还定期统计和分析客户的购物需求和特殊情况，梳理货物的轻重缓急，再决定装车方式和配送路线。

　　看似简单的行为背后，宋学文需要记住上百家公司的情况，甚至员工的姓名，中关村附近公司密集，哪家公司搬走了，新来了哪家公司，他都了如指掌。把客户的需求当成最大的工作目标，这就是宋学文的"方法论"。

　　近10年的坚守，从快递员到站点助理再到站长，宋学文靠着在京东物流的工资和缴纳的五险一金，在北京可以还得上房贷，还被公司奖励了一辆车，一家人在首都扎了根。现在，宋学文像师傅一样带着17个兄弟，依旧负责中关村地区的配送。在疫情期间，他和站点的兄弟们每天都从大量的包裹中优先挑出消毒液、口罩和药品，以最快的速度先行配送；

1

他还让每个快递员随时带着消毒液和湿巾，有人来取货，要先仔细消毒再递上。

随着物流业的高速发展，智能设备及技术逐渐在行业中得到应用。2019年，宋学文在京东物流主动申请学习了四个月的无人机配送操作，希望将自身多年的经验更好地投入快递行业中，为消费者提供更加便捷的服务。

在宋学文从事快递员工作的近10年间，我国快递员从60万猛增至400余万，年快递包裹量从37亿件增长到2020年的830亿件以上，快递员成为广大劳动群众的重要组成部分。作为一名有社会责任感的快递员，宋学文想的不仅是让自己的工作更上一层楼，他还将自己的工作经验传递给更多的人，让更多的快递员能够更好地为客户服务，在平凡中成就伟大。

项目任务

张明现在是融通物流公司的仓储总经理，今年公司刚招聘了一批大四实习生，作为总经理的张明要去为实习生培训"如何成为一名优秀的物流人"。培训现场，张明看见朝气蓬勃的大学生，回想自己如何一步步成长到今天。大四实习时，他作为一名管培生进入融通物流公司，不知道如何能做好这份工作，好在公司给他安排了师傅老李。老李说："万事开头难，一口吃不成胖子，一步一步来。"说完，老李就带着他开始了为期6个月的实习生活。

学习目标

知识目标

1. 掌握物流工作中常见的物流设备；
2. 掌握物流工作中常用设备的使用方法；
3. 熟悉物流常见仓库类型。

技能目标

1. 具备使用常用物流设备的能力；
2. 具备认知物流仓配中心类型的能力；
3. 能够了解现阶段物流行业发展的特点。

素养目标

1. 培养学生对物流专业学习的兴趣，明晰专业发展规划；
2. 培养学生动手实践的能力，树立正确的价值观。

典型岗位

物流设备维护

1. 重大设备/网络故障应急保障，现场协调与远程支持。
2. 设备故障分析改善：负责全国设备故障的分析改善，降低故障次数，减少单次故障时长。
3. 备件管理：备件库房智能搭建，备件成本优化。
4. 负责制订设备的维护保养计划，点巡检质量管控。

项目一　工作准备

工作任务一　认识物流企业

任务描述

经学校推荐,张明进入融通物流公司实习,进入公司第一天,老李作为他的师傅,将张明介绍给公司各个部门的员工,并告诉张明:"作为新人,要抓住这个时机多问,什么问题大家都不会嘲笑你。等一个月之后你还问,未必有人回答你。今天你的主要任务是了解公司的组织架构以及公司的主营业务。"听完师傅的话,张明觉得自己不能万事都等别人来教,得自己主动发现问题。

任务实操

1. 认识公司的组织架构

如果你是张明,你了解企业公司组织架构的含义吗?公司组织一般包含哪几个部门?

2. 认识公司的主营业务

如果你是张明,你了解公司主营业务的含义吗?一般物流公司的主营业务有哪些?

3. 请和小组成员进行讨论,如果要成立新的物流仓储中心或物流公司,该从哪些方面入手?需要做哪些准备工作呢?

知识链接

1. 物流公司组织架构

企业组织架构是进行企业流程运转、部门设置及职能规划等最基本的依据，常见的组织架构形式包括中央集权、分权、直线以及矩阵式等。企业的组织架构是一种决策权的划分体系以及各部门的分工协作体系。组织架构需要根据企业总目标，把企业管理要素配置在一定的方位上，确定其活动条件，规定其活动范围，形成相对稳定、科学的管理体系。

没有组织架构的企业将是一盘散沙，组织架构不合理也会严重阻碍企业的正常运作，甚至导致企业经营彻底失败。相反，适宜、高效的组织架构能够最大限度地释放企业的能量，使组织更好地发挥协同效应，达到"1+1>2"的理想运营状态。

2. 物流公司主营业务

1）主营业务的概念

主营业务是指企业为完成其经营目标而从事的日常活动中的主要活动，可根据企业营业执照上规定的主要业务范围来确定。

1.1 物流企业认知

2）物流公司的一般主营业务

物流企业分为运输型物流企业、仓储型物流企业和综合服务型物流企业三种，不同企业的主要业务不同，具体区别如下。

运输型物流企业的业务范围：企业为客户提供门到门运输、门到站运输、站到站运输等一体化运输服务，主要实现货物运输。根据客户需求，运输型物流企业可以提供物流一体化服务。

仓储型物流企业的业务范围：企业为客户提供货物储存、保管、中转等仓储服务，主要为客户提供配送服务；为客户提供其他仓储的增值业务，如商品经销、流通加工等；为客户提供商业配送、专线运输、仓储、企业物流和供应链管理等服务。

综合服务型物流企业的业务范围：为客户提供运输、货运代理、仓储、配送等多种物流服务项目，并能够为客户提供契约性一体化物流服务；为客户制定整合物流资源的解决方案，提供物流咨询服务等。

3）融通物流公司主营业务

融通物流公司以全渠道仓配物流解决方案为核心，通过以商品为中心的物流数据应用和全国分仓网络，为客户提供BC同仓管理、多区域分仓配送、跨境进出口、供应链金融等物流解决方案和仓配运营服务。仓储运营，通过以商品为中心的物流数据应用搭建全国分仓网络，专注于社区、门店、平台等碎片化、个性化的快速补货订单，提供专业的仓储规划、管理和运营服务。运配服务，整合干线专线、零担集配、区域调拨、城市配送、快递快运等资源，搭建一站式物流平台，在大数据的支持下，为客户优化运输配送方案。智能系统，以物流大脑为核心，搭建全链路系统架构，自主研发仓储管理系统（WMS）、订单管理系统（OMS）、物流管理系统（TMS）和工资管理系统（HRMS）等系统，并与海康威视、百度等智能硬件企业合作，通过场景转化加速智能硬件的落地应用。

知识拓展

企业命名规则

1. 企业名称=行政区划+字号+行业+组织形式（将行政区划括起来插到名称中间亦可）。

2. 企业名称中的行政区划至少是县级以上，但不能单独使用市里的辖区。

3. 企业名称中的字号不得含有汉语拼音或数字，字号要由2个以上的字组成（未规定上限）。字号可以是投资人（自然人）的姓名。

4. 企业名称中的行业名称可以从《国民经济行业类别用语》中查找（如技术、贸易）；行业用语表述的内容要与企业经营范围对应。

5. 所谓组织形式，就是"有限公司""股份公司""合伙企业"等，是什么类型的企业就需要将对应的组织形式写到企业名称中。

6. 内资民企不得使用中国、中华、全国、国家、国际等字样，除非该字样是行业的限定语，而且必须经过国家市场监督管理总局的核名，才可在企业名称中使用上述字样。外商独资企业、外商控股企业，经过国家市场监督管理总局核名后，也可在名称中间使用"中国"字样。

素养园地

党的二十大报告指出，"教育、科技、人才是全面建设社会主义现代化国家的基础性、战略性支撑""把各方面优秀人才聚集到党和人民事业中来"。推动高质量发展、不断塑造发展新动能新优势需要以创新来驱动，创新必须依靠科技进步，科技进步必须依靠人才，人才又必须依靠教育。教育是基础，科技是关键，人才是根本。把三者放在一起，体现了党的大教育、大科技、大人才观，体现了党对教育、科技、人才相互作用及其与高质量发展相互作用规律的深刻把握。功以才成，业由才广。综合国力竞争说到底是人才竞争。我们必须充分认识人才对强化现代化建设的重要性。现代物流的综合性很强，涉及的学科有管理学、运输学、经济学、社会学、工程技术、计算机科学等，物流人才必须能够解决物流中经济、管理、工程、信息、外语，甚至法律政策等方面的问题，具有较为广博的知识面和较高综合素质的复合型人才才能受到企业的青睐。

任务评价与分析

评价项目		指标说明	分值	自评分	教师评分
技能能力	认识公司的组织架构	掌握一般物流公司的组织架构	10		
	认识物流的主营业务	了解主营业务的概念	10		
		掌握常见物流企业的主营业务	20		
	成立物流公司	了解成立公司的基本步骤	10		
		了解成立公司的关键因素	20		
素质能力	思考分析能力	应用相关的知识结合案例进行分析	10		
	团队合作能力	认真参与讨论，完成相关小组任务	10		
	沟通能力	及时与成员沟通，完成任务	10		
得分	任务得分	—			
	任务总得分	（自评40%+教评60%）			
分析总结	任务总结				
	反思和建议				

工作任务二 认识仓储中心

任务描述

在总部一周后,老李和张明说:"想更快地成长,必须深入一线,接下来的实习在仓储中心学习吧。不要小看任何一个工作,认真做好,慢慢积累,才能厚积薄发。"张明觉得万事都有一个过程,师傅说得对,他要去仓库做好每件小事。第一天来到公司的1号仓库,张明想,就像熟悉企业一样,第一天就熟悉仓库吧!

任务实操

1. 认识仓库岗位组织架构

各位同学,你了解的仓库设置有哪些岗位呢?和小组同学讨论,写出这些岗位及其岗位职责吧!

2. 认识仓库的分类

你在生活中见过哪些仓库呢?结合所学知识,把知道的先写下来吧!

知识链接

1. 仓库岗位组织架构

融通物流 1 号仓库岗位组织架构如图 1-1 所示,各岗位的主要职责如下。

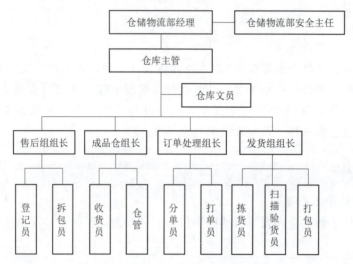

图 1-1　融通物流 1 号仓库岗位组织架构

1）仓库主管

①协助经理制定和完善仓储物流部日常管理等业务,提高仓储物流部运营效率,降低收、发和存的差异率,合理控制物流运营成本。

②协助经理完成仓储物流部的规划及建设,包括库容及功能区域规划,仓储物流环境与设施的建设、维护及管理,降低仓储成本。

1.2　仓储中心认知

③负责制定和优化仓库的收、发、存作业流程,降低货品收、发、存的异常率,定期对呆废料进行反馈与控制。

④负责货区规划,明晰各货区的管理责任人及其管理职责,提高库容的使用率。

⑤负责仓储物流部各小组的运营管理,提高作业的时效性及效率。

⑥负责制订并执行工作计划,提高库存的账实准确率,并定期向公司汇报仓储物流部的运营情况。

⑦指导和培训仓储物流部人员,提高员工素质和工作技能。

⑧根据公司绩效考核制度,制定并完善本部门人员绩效考评标准并严格执行。

⑨负责仓库的卫生、整洁以及仓库的标识化管理,定期进行仓库 5S 检查和整改工作。

2）安全主任

①负责公司的安全管理工作,贯彻各项安全生产法律法规、标准、制度以及安全工作的指示和规定。对各部门班组安全员进行安全技术指导;检查仓库 5S 有无达标,对不达标的区域直接追责区域组长,并降低绩效考核分数。

②参与制订、修订仓库有关安全作业的管理制度和技术操作规程,并检查执行情况。

③协助公司各级领导做好员工的安全教育工作,负责组织对全体员工、新进员工、变换

岗位员工和班组长的安全教育，检查、督促班组岗位安全教育，建立安全教育档案。

④负责安排并检查公司各部门活动，负责公司安全设备、灭火器材、消防灯具的管理，并保证其处于完整备用状态。

⑤每天深入现场检查，及时发现隐患，制止违章作业。检查厂房、仓库有无火灾隐患，物品堆放是否符合消防要求，各出入口是否畅通，是否符合紧急情况下疏散人员的安全要求。

⑥组织并参加企业安全生产大检查，对查出的隐患进行分类汇总，并督促有关部门进行整改。主持日常安全教育工作，定期开展安全竞赛评比活动，开展安全周活动，使安全生产意识深入人心，推行安全生产责任制。

⑦按照"三不放过"的原则（事故原因分析不清不放过、事故责任者和群众没有受到教育不放过、没有防范措施不放过），参加企业安全事故的调查处理，做好统计分析，按时上报。

3）仓库文员

①负责仓储部员工的考勤管理，新人入职手续办理及部门规章制度培训，计件员工工资的统计，部门报表的整理。

②及时准确地编制月末盘点表，每月27日前完成；协助主管、经理对盘点结果做盈亏分析，并出具盈亏报表至总经理。

③有条理做好供应商《送货单》《收货入库单》《出库单》、部门之间的《联络单》和本部门相关的其他文件的存档工作并及时记录，并按规定转交相关部门。

④协助部门主管不定时监督抽查大仓和拣货仓的账物是否一致，如有误差，及时查找原因，并申请调账，以确保月末盘点数据的准确性。

⑤负责本部门文件资料的管控工作及跨部门文件资料的传递工作并做好记录；如本部门有出联络单，分发各部门且签完名后，放入仓库联络单的文件夹归档即可。

⑥负责本部门所有人员的排班安排、请假条的存档、部门公告的发布和会议的组织安排。

⑦负责本部门文具辅料、办公用品申购，并下请购单给采购。

⑧负责办公区域的卫生，做好5S维护工作。

⑨严格执行公司的各项规章制度和工作纪律，按时上、下班。

⑩积极、主动提出改进的设想和建议，协助部门主管做好本部门的工作。

4）订单处理组长

①负责销售订单打印输出工作、内部传递交接工作，及时将相关作业完毕单据交公司相关部门，留存单据整理归档。

②负责商品销售汇总单（拣货员拣货单）的打印输出工作。

③将打印的订单按同型号规格分单并做好记录，交接给相关货区的拣货员，由其处理拣货配货工作。

④负责与公司各事业部之间事务的沟通协调，仓储物流部内部各分组出库业务工作的沟通协调。

⑤协助仓库文员处理仓库其他各类物品的出库账务管理。

5）成品仓组长

①负责根据采购部收货指令，进行货品的检验查收，确保收货的准确性与及时性。

②货到仓库后，收货员应认真检查所收商品的名称、规格、数量，当所有产品要求符合销售要求后，方可办理签收手续；货品先放至待检区，货品检验合格盖完章后方可放至对应的库位存放。

③点数员在办理入库手续的同时，应做好入库的账目，按收货实数在PDA扫描枪上确认收货实数。

④成品经品质检验合格入库，组长应将成品分类摆放，根据不同类别、形状、特点、用途等分类整理，保管要做到"一清""二齐""三号定位"。一清：数量清；二齐：摆放整齐、库容整齐；三号定位：按区、按排、按位定位。

⑤产品严禁直接摆放于地上，应放货架或卡板进行隔离防潮。

⑥因质量原因退回的产品必须分开储存，并做好标识（与良品区分开），拣货仓的补货任务要及时迅速，确保不影响拣货员的配货工作。

⑦配合仓库文员和主管不定时的抽检周盘工作，对抽检数量有误差的货品，及时查找差异原因。

⑧公司各仓库内禁带火种、严禁烟火，各库门窗要按防盗要求关锁，并做好防水、防潮工作；班前、班后搞好检查，及时关好电闸、水、气阀门；做到防火、防盗、防水、防潮、防破坏。

⑨有特殊保管要求的各类物资必须按其特殊要求进行保管、存放。

⑩各仓库必须每天清扫，做好库容整洁、地面无杂物，各类物资定置存放。

6）发货组组长

①负责监督拣货员操作的准确率；每天整理验货员扫描检测出的错误数据，并在每天的早会上提出改进方法；完成与成品仓补货到拣货仓的货物的交接工作。

②负责根据销售订单明细进行包装，包括产品包装、售后卡、品牌专用封箱胶等相关工作。

③负责监督和指导打包员日常的业务工作，提高业务处理水平。

④负责与快递公司的货物交接工作，监督快递公司必须全部扫描揽件方可拉走货品；合理安排拣货员和打包员的工作。

⑤根据主管的包装工作安排及货物的包装要求进行商品的包装核对工作。

⑥正确、合理使用包装材料，做到有效保护商品，杜绝浪费。

7）售后组组长

①售后登记员每天将快递退回件在ERP系统进行退货快速扫描验货登记，对退回的白名单（不按天猫退货流程）件，按规定在系统做登记。

②退回件登记完毕移至待处理区，待拆包员按型号规格进行分类，售后件多的情况下可以向主管申请拉到流水线统一处理。

③针对拆包员拆包分类好的件，通知质检员进行检验，将检验完毕的货品投入对应的仓库，对需要退厂维修的货品开具《退货单》并联络采购通知供应商拉走。

④每天退回的售后件要当天处理完毕，特殊情况需要报告主管，每天做好售后报表，报表需要清楚记录每天处理的售后件数量、退回的良品和不良品的数量及退货原因，每周汇总

整理一次报告给主管。

2. 仓库的分类

仓库作为物流系统中的重要组成部分，根据其不同的特性和应用场景，可以分为多种类型。以下是按照不同标准对仓库进行分类的详细介绍。

1）按功能用途分

储存仓库：主要用于储存和保管各类物资，确保物资的安全和完整。

分拣仓库：除了储存功能外，还具有对物资进行分拣、分类的功能，便于后续的配送或销售。

加工仓库：除了储存和分拣，还设有加工区，可以对物资进行简单的加工或组装。

配送中心：兼具存储、分拣、加工和配送功能，是物流系统中的核心节点。

2）按储存物品分

普通仓库：用于储存一般性质的物资，无特殊要求。

冷藏仓库：专门用于储存需要低温保存的食品、药品等物资。

恒温仓库：用于储存对温度有特定要求的物资，如电子产品、精密仪器等。

危险品仓库：用于储存易燃、易爆、有毒等危险物品，需采取特殊的安全措施。

3）按结构特点分

平层仓库：物资存放在同一水平面上，常见于多层建筑的底层。

货架仓库：使用货架进行物资储存，可以提高储存密度和取货效率。

自动化仓库：采用自动化设备和系统，实现物资的自动存取和管理。

4）按地理位置分

陆地仓库：位于陆地上的仓库，包括城市仓库、乡村仓库等。

水路仓库：位于港口、码头等地，主要用于水上运输物资的临时储存。

航空仓库：用于储存航空运输物资的仓库，通常与机场相连。

5）按管理方式分

自营仓库：由企业自行管理和运营的仓库。

公共仓库：由第三方物流公司运营，可供多家企业共用的仓库。

合同仓库：企业通过与第三方物流公司签订合同，将仓库管理权交给后者，但物资所有权仍属于企业。

6）按技术要求分

普通技术仓库：对储存技术无特殊要求的仓库。

高技术仓库：需要采用高科技手段进行物资储存和管理的仓库，如智能仓库、自动化仓库等。

7）按产权归属分

自有仓库：产权归企业所有的仓库。

租赁仓库：企业租用第三方仓库进行物资储存和管理。

总之，仓库的分类多种多样，根据不同的分类标准，可以得出不同类型的仓库。这些仓库各具特色，服务于不同的物流需求，共同构成了现代物流系统的重要基础。

知识拓展

高标仓的6个标准

1. 仓库手续齐全，包括规划许可证、施工许可证、竣工验收合格证、消防备案证、土地证、房产证等。

2. 高标仓一般为钢混框架+轻钢布局，屋面采用保温隔热材料，同时保证仓内采光，高度净空不低于11 m，一般都在13 m以上，抗震设防烈度7度以上。

3. 设有标准装卸平台，平台的高度为1.3 m，满足平常大型车辆运输装卸要求；设有升降平台，方便小型车辆使用；设有6 m宽的带雨棚的平台，雨天不影响正常作业。

4. 空间要大，立柱、屋顶、墙体坚固，金刚砂处理地面，环氧无尘地坪，标线齐全，地面承重每平方米不少于5 t。

5. 设备齐全，设有配电室、动力柜、物流门、办公室、监控、应急照明、叉车充电站、厕所，以及各种标志等。

6. 消防设施齐全，设有消防管道、消防栓、防火分区门、报警器、自动喷淋系统等。

任务评价与分析

	评价项目	指标说明	分值	自评分	教师评分
技能能力	认识仓库岗位组织架构	掌握常见的仓库岗位组织架构	10		
	认识仓库岗位职责	了解仓库各岗位的职责	10		
		掌握重要岗位的工作职责	20		
	认识仓库分类	掌握仓库常见的分类	20		
素养能力	思考分析能力	应用相关的知识结合案例进行分析	20		
	团队合作能力	认真参与讨论，完成相关小组任务	10		
	沟通能力	及时与成员沟通，完成任务	10		
得分	任务得分	—			
	任务总得分	（自评40%+教评60%）			
分析总结	任务总结				
	反思和建议				

项目一　工作准备

工作任务三　认识物流现代化设备

任务描述

岗位实习即将正式开始,张明在认识仓储中心的基础上开始进入仓库实习。仓库主管告诉张明,他今天的任务是认识所有的仓储设备。张明在校时已经学习过很多物流设备,但百闻不如一见,能亲眼看到各种设备,见证物流行业科技化的发展,激起了张明投身物流行业的决心。

任务实操

1. 认识仓储设备

你知道哪些仓储设备?请你和小组同学进行讨论,把知道的仓储设备的名称和用途写下来吧!

2. 认识搬运设备

除了仓储设备,你们知道仓库里经常使用的搬运设备有哪些吗?

3. 认识拣选设备

在仓库工作中,接到客户订单后要拣选商品出库,你们知道仓库里经常使用的拣选设备有哪些吗?

4. 认识其他设备

还有其他的物流设备吗？请一起学习探讨吧！

知识链接

1. 仓储设备认识

1）托盘

中国国家标准《物流术语》中对托盘（Pallet）的定义：用于集装、堆放、搬运和运输的放置作为单元负荷的货物和制品的水平平台装置。作为与集装箱类似的一种集装设备，托盘现已广泛应用于生产、运输、仓储和流通等领域，被认为是 20 世纪物流产业中两大关键性创新之一。

1.3 现代化物流设备

托盘作业不仅可以显著提高装卸效果，它的运用还带动了仓库建筑形式、船舶构造、铁路和其他运输方式的装卸设施以及管理组织的变化。在货物包装方面，托盘的运用促进了包装规格化和模块化，甚至对装卸以外的一般生产活动方式也有显著的影响。随着生产设备越来越精密，自动化程度越来越高，生产的计划性越来越强和管理方式的逐步发展，工序间的搬运、向生产线供给材料和半成品的工作显得越发重要。常见的托盘有木制托盘、塑料托盘、木塑复合托盘、箱式托盘、纸制托盘、层积板托盘、模压托盘及滑托板。

2）托盘式货架

托盘式货架，又称横梁式货架或货位式货架，通常为重型货架，在国内的各种仓储货架系统中最为常见。

托盘式货架作业首先要进行集装单元化工作，即将货物根据包装及其质量等特性进行组盘，确定托盘的类型、规格、尺寸，以及单托载重量和堆高（单托货物质量一般在 2 000 kg 以内），然后由此确定单元货架的跨度、深度、层间距，再根据仓库屋架下沿的有效高度和叉车的最大叉高决定货架的高度。单元货架跨度一般在 4 m 以内，深度在 1.5 m 以内，低、高位仓库货架高度一般在 12 m 以内，超高位仓库货架高度一般在 30 m 以内（此类仓库基本均为自动化仓库，货架总高由若干段 12 m 以内的立柱构成）。此种货架系统的空间利用率高，存取灵活方便，辅以计算机管理或控制，基本能达到现代化物流系统的要求。

托盘式货架广泛应用于制造业、第三方物流和配送中心等领域，既适用于多品种小批量物品，又适用于少品种大批量物品。此类货架在高位仓库和超高位仓库中应用最多，自动化仓库中货架大多用此类货架。

3）阁楼式货架

阁楼式货架系统是在已有的工作场地或货架上建一个中间阁楼，以增加存储空间，可做二、三层阁楼，宜存取一些轻泡及中小件货物，适用于多品种大批量或多品种小批量货物。作业中多为人工存取货物，货物通常由叉车、液压升降台或货梯送至二、三楼，再由轻型小车或液压托盘车送至某一位置。此类系统通常利用中型搁板式货架或重型搁板式货架作为主体和楼面板的支撑（根据单元货架的总载重量来决定选用何种货架），楼面板通常选用冷轧型钢楼板、花纹钢楼板或钢格栅楼板。近几年多使用冷轧型钢楼板，它具有承载能力强、整体性好、承载均匀性好、精度高、表面平整、易锁定等优势，有多种类型可选，并且易匹配照明系统，存取、管理均较为方便。单元货架每层的载重量通常在 500 kg 以内，楼层间距通常为 2.2~2.7 m，顶层货架高度一般为 2 m 左右，充分考虑了人机操作的便利性。此系统在汽车零部件、汽车 4S 店、轻工、电子等领域有较多应用。

4）流利式货架

流利式货架通常由中型横梁式货架演变而成，在货架每层前后横梁之间设置滚轮式铝合金或钣金流力条，呈一定坡度（3°左右）放置。货物通常为纸包装或放于塑料周转箱内，利用其自重实现货物的流动和先进先出。货物由小车进行运送，人工存取，存取方便。单元货架的每层载重通常在 1 000 kg 以内，货架高度在 2.5 m 以内。流利式货架适用于装配线两侧的工序转换、配送中心的拣选作业等场所，可配以电子标签实现货物的信息化管理。

1.4 自动化立体仓库

5）自动化立体仓库货架

自动化立体仓库是采用堆垛机或其他自动存取设备，通过电脑或电控系统进行自动化存取作业的智能仓库，由于采用自动存储，对货架要求较高。

2. 搬运设备认识

1）手动液压搬运车

手动液压搬运车俗称地牛，一般大型超市、物流仓库或者工厂都有用到。地牛是一种利用液压千斤顶来进行升降的方便、小巧的运输工具，由油泵、轮子、密封件、手柄四个基本组件组成，是一种手拉式搬运工具。地牛的身体形状与叉车的货叉部分相同，也能叉起重物，但与叉车不同的是，地牛不能将货物抬起或降低，而只能叉起地面重物进行搬运（地牛叉车的适合高度为货架面离地高度 80~200 mm）。地牛在重物的短程搬运过程中充当着非常重要的角色，使用广泛。

2）堆高车

堆高车结构简单、操控灵活、微动性好、防爆安全性能高，适用于狭窄通道和有限空间内的作业，是高架仓库、车间装卸托盘化的理想设备。堆高车广泛应用于石油、化工、制药、轻纺、军工、油漆、颜料、煤炭等行业，以及港口、铁路、货场、仓库等含有爆炸性混合物的场所，还可进入船舱、车厢和集装箱内进行托盘货物的装卸、堆码和搬运作业。电动堆高机作业可以极大地提高工作效率，减轻工人的劳动强度，为企业赢得市场竞争的优势。全自动堆高车采用计算机程序控制，无级变速，优质 C 型钢精制宽视野门架，载重 0.5 t 的车型最大起升高度可达 5.2 m，载重 1 t 最大起升高度达 4.5 m，载重 2 t 最大起升高度为 3 m。

3）AGV 智能搬运机器人

电子商务快速发展，竞争日益激烈，更好的物流服务能为商家赢得更多的客户。AGV 智能搬运机器人可以按照最优的行驶路线进行自动搬运，准确地停靠在指定位置，从而提高物流效率。AGV 智能搬运机器人简称 AGV，又叫无人搬运车、自动小车、搬运机器人。AGV 智能搬运机器人装备有雷达激光等电磁或光学自动导引装置，能够沿规定的导引路径行驶，具有安全保护装置，并配有各种移载功能的运输车，可以不需要人为操控，而是通过电池蓄电方式自动运行，一般可通过调度系统来控制其行进路线以及运行情况，或利用电磁轨道来设定路线。AGV 行走系统由控制面板、导向传感器、方向电位器、状态指示灯、避障传感器、光电控制信号传感器、驱动单元、导引磁条、电源等组成。

1.5 AGV 智能搬运机器人

3. 拣选设备认识

1）RF 手持终端

RF 手持终端，是指利用无线射频技术（Radio Frequency Identification，RFID）完成数据采集、传输等功能，便于携带的数据采集终端，其特点是坚固、耐用，在很多环境比较恶劣的地方也可使用。RF 手持终端主要应用于零售、物流仓储、质量追溯、生产制造、畜牧养殖等领域。

2）拣选台车

此系统集无线网络通信技术、条码技术、电子标签拣选技术于一身，是一款软、硬结合的商品拣选设备，为物流中心小件商品及拆包商品提供了一个先进的拣选商品的新策略。此系统还首次提出了智能货位管理及商品路径优化的新功能，可大大提高商品拣选速度及准确率，降低人力成本和管理成本。

3）电商分拣机器人

随着人工成本的不断升高，用机器人代替人力去做一些重复的高强度劳动是现代机器人研究的一个重要方向。电商分拣机器人能通过"看"地面上粘贴的二维码给自己定位和认路，通过机器人调度系统的指挥抓取包裹，穿过配有工业相机和电子秤等外围设备的龙门架；经过工业相机读码功能和电子秤称量功能，机器人调度系统便识别了快递面单信息，完成包裹的扫码和称量，并根据包裹目的地规划出机器人的最优运行路径，调度机器人进行包裹分拣投递。

1.6 电商分拣机器人

电商分拣机器人主要包括控制核心模块、电源模块、超声波红外测距模块、人体红外检测传感器、颜色检测传感器、人体红外检测传感器、电机驱动模块、步进电机、编码器脉冲计数器、舵机和机械手等。其中，舵机用于控制小车的转向，也用于控制机械手的张合；编码器脉冲计数器用于检测电机的转速；超声波红外测距模块用于定位；颜色检测传感器用于分辨物体；机械手用于夹持物体；人体红外检测传感器用于检测人体信号。

电商分拣机器人作业稳定高效,为企业提升了运营效率,节省了人力成本和管理成本,促进了工厂和企业的升级。电商分拣机器人具有很多优点:可实现重建、自主规划行走路线,轻松物体识别;体积轻便,可以连续不断工作,效率高,可节省70%的人力;能够进行装载、运输、分拣工作,代替人工完成物料的加工、分拣、包装和搬运等工序。

知识拓展

物流设备未来发展趋势

随着现代物流的快速发展,物流设备作为其物质基础,表现出以下几大发展趋势。

1. 大型化和高速化。大型化指的是物流设备的容量、规模、能力越来越大,是实现物流规模效应的基本手段;高速化指的是设备的运行速度、运转速度、识别速度、运算速度大大加快。

2. 实用化和轻型化。由于仓储物流设备多在日常场合使用,工作并不繁重,因此好用、易维护、易操作,具有耐久性、低故障率、良好的经济性,以及较高的安全性、可靠性和环保性。

3. 专用化和通用化。随着物流的多样性发展,物流设备的品种也越来越多,并且不断有新的物流设备研发成功并投入使用。物流活动的系统性、一致性、经济性、机动性、快速化要求一些物流设备朝专用化方向发展,同时,又有一些物流设备向通用化、标准化方向发展。

4. 自动化和智能化。将机械技术和电子技术结合,将先进的微电子技术、电力电子技术、光缆技术、液压技术、模糊控制技术等用到机械驱动和控制系统中,实现物流设备的自动化和智能化是今后发展的方向。

5. 成套化和系统化。当组成物流系统的设备成套、匹配时,物流系统是最高效、最经济的。在物流设备自动化的基础上,通过计算机把各个物流设备组成一个集成系统,通过中央控制室的控制,与物流系统协调配合,形成不同机种的最佳匹配和组合,将是未来的发展趋势。

6. 绿色化。绿色化就是要达到环保要求,这涉及两方面,一方面与牵引动力的发展以及制造、辅助材料等有关,另一方面与使用有关。要实现绿色化发展,一要提高牵引动力,二要有效利用能源减少污染排放,如使用清洁能源以及新型动力等。

素养园地

党的二十大报告指出,"加快实施创新驱动发展战略。坚持面向世界科技前沿、面向经济主战场、面向国家重大需求、面向人民生命健康,加快实现高水平科技自立自强。以国家战略需求为导向,集聚力量进行原创性引领性科技攻关,坚决打赢关键核心技术攻坚战。"物流信息技术是物流现代化的重要标志，也是物流技术中发展最快的领域，从数据采集的条形码系统，到办公自动化系统中的微机、互联网，各种终端设备等硬件以及计算机软件都在日新月异地发展。同时，随着物流信息技术的不断发展，一系列新的物流理念和新的物流经营方式产生，推进了物流的变革。在供应链管理方面，物流信息技术的发展也改变了企业应用供应链管理获得竞争优势的方式，成功的企业通过应用物流信息技术来支撑其经营战略并选择其经营业务，提高供应链活动的效率，增强整个供应链的经营决策能力。

任务评价与分析

	评价项目	指标说明	分值	自评分	教师评分
技能能力	认识货架	认识各种类型的货架并知道其用途	10		
	认识搬运设备	认识各种搬运设备并掌握其适用行业	10		
		掌握搬运设备的使用方法	20		
	认识拣选设备	认识各种拣选设备并掌握其用途	10		
		掌握拣选设备的使用方法	20		
素养能力	思考分析能力	应用相关的知识结合案例进行分析	10		
	团队合作能力	认真参与讨论，完成相关小组任务	10		
	沟通能力	及时与成员沟通，完成任务	10		
得分	任务得分	—			
	任务总得分	（自评40%+教评60%）			
分析总结	任务总结				
	反思和建议				

项目二　物流客户开发与管理

 **项目导学**

恪守商业道德，谱写发展新篇——顺丰的商业规范操作

一、恪守商业道德

顺丰坚持合规经营，重视商业道德管理。公司制定了由董事会审计委员会领导的管理机制，首席审计官负责统筹管理公司的商业道德事务并定期向审计委员会报告。针对基层管理者，公司制定"369行为准则"，即杜绝三项违背商业道德的行为，要求六项事务公开，设立九条准则，要求管理者在商业道德管理中以身作则。报告期内，顺丰未发生与不当竞争及反垄断相关的法律诉讼事件。

二、廉洁管理体系

为确保廉洁管理的有效性，顺丰每年会就查处的贪腐事件分析原因，确认是否存在流程、制度方面的缺陷，并对制度进行必要的迭代更新。2022年，顺丰修订了覆盖全集团的《亲属回避管理办法》，细化了个人及亲属竞投关系界定、任职回避及工作回避情形，以及亲属申报和处理机制，同时更新了《反腐败承诺书》和《诚信廉洁协议》的内容，进一步完善廉洁管理制度。

顺丰建立了从董事会审计委员会、总部监管部门到业务区/分公司的廉洁从业监管防线。在业务区/分公司内部也同步建立三道防线，实现贯穿管理的全网络、全岗位的廉洁管理体系。在双层三道防线外，顺丰设立了由首席执行官（CEO）、首席人力资源官（CHO）及首席审计官（CAE）牵头的高管纪律检查委员会，以及员工纪律检查委员会，分别负责高管层级员工和其他员工的廉洁纪律管理。

为营造公平、公正、公开的工作氛围，顺丰还建立了"不敢、不能、不想"的反贪腐体系，严防严惩行贿受贿、侵占、欺诈等违规、腐败行为。

2022年，顺丰积极开展数字化主动反舞弊探索。通过一系列反舞弊整治专项任务，将已发现的具体业务场景风险输出至主管部门，并督促其完善优化。同时，顺丰还建立了反舞弊相关审计模型，对商业道德风险进行常态化监控。

三、反腐败教育

顺丰制定了《员工手册》和《诚信手册》，并针对海外员工提供英文版本的 *Employee Handbook*，阐明了公司对于内外部诚信行为的定义，明确了违规行为及对应的处罚，为全体

员工提供清晰可靠的行为准则，规范员工行为，倡导廉洁从业。

顺丰持续开展廉洁文化宣传教育，通过制度解读、廉情简报、反腐公告等形式，向员工宣贯公司反腐败制度和举措。针对基层员工和业务区管理层，顺丰则采用线上案例和线下培训相结合的方式，开展廉洁文化正面宣导及舞弊案例反面警示；针对新入职的员工，顺丰持续开展反腐败入职培训，并推动员工签署《反腐败承诺书》。2022 年，顺丰从业人员的《反腐败承诺书》签署率达 94.6%，较 2021 年提升 1.7%。其中，三线管理人员的《反腐败承诺书》签署率 96.5%。

此外，顺丰还积极推动供应商签署《廉洁协议》，携手供应商打造廉洁价值链。2022 年，供应商《廉洁协议》的签署率达 100%。2022 年，顺丰开展廉洁指数调研和反腐倡廉专题培训，组织全体员工学规、知规、守规。顺丰全年累计开展线下反贪腐培训 20 场，员工反腐败教育总时长达 21 300 小时。

四、举报管理

顺丰制定了《举报管理办法》《员工沟通管理规定》，规范违规违纪举报事件的处理流程、标准及管理要求，完善公司监督体系，防止与纠正违规违纪行为，保护员工、客户、合作伙伴的合法权益，促进公司可持续健康经营与发展。2022 年，顺丰进一步修订了《举报管理办法》，优化举报渠道、立案标准、举报调查流程等内容，进一步明确了举报跟进时效要求。

五、举报渠道

顺丰面向不同群体设立了邮箱、热线、官网等六种举报渠道。

六、处理时效

在事件处理时效方面，顺丰要求主管部门按照"三个一"时效要求跟进，快速响应、积极处理。2022 年，顺丰有效举报的后续反馈率为 100%，投诉事件"三个一"处理时效达成率 96%。

七、举报人保护

顺丰在《举报管理办法》中明确规定了对举报人信息的保密要求：任何接触到举报信息的员工均应对知悉信息进行保密。各组织负责人为证人（含举报人）保护的第一责任人，应采取合理措施对证人（含举报人）进行保护，保证证人（含举报人）基本权益不受侵害，杜绝任何形式的打击报复。2022 年，顺丰未发生匿名举报者隐私泄露事件。

八、知识产权保护

顺丰重视知识产权保护，严格遵循《中华人民共和国专利法》《中华人民共和国商标法》，制定了《集团商标（商号）管理制度》《集团侵权事件处理操作指引》等内部制度，并于 2022 年更新了《集团专利（软件著作权）成果管理制度》，进一步完善对公司专利成

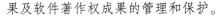

果及软件著作权成果的管理和保护。

2022年，顺丰新增授权专利221项，商标申请446件，软件著作权申请480件，涵盖智慧物流、智慧供应链、人工智能和大数据等领域，为公司的技术创新保驾护航。截至2022年年底，顺丰已获授权专利1 851项，商标5 183件，软件著作权2 449个。

 项目任务

张明现在是融通物流公司客户部经理，公司刚刚招聘了一批大四实习生。新员工培训现场，张明看着这一张张朝气蓬勃的面容，脑海中不由得想起自己当年的成长之路。于是，张明结合自己的职场经历，从确定客户、开发客户、客户日常管理、客户管理绩效评价四个角度给新员工讲解如何成为一名优秀的物流客户经理。

 学习目标

知识目标
1. 掌握确定物流客户的方法；
2. 掌握物流客户开发的方法；
3. 掌握物流客户管理的方法；
4. 掌握物流客户绩效管理的方法。

技能目标
1. 根据公司要求，准确确认目标客户的能力；
2. 通过合适的方法，准确有效地找到客户的能力；
3. 通过合适的方法，科学高效地管理客户的能力；
4. 通过合适的方法，对客户进行绩效管理的能力。

素养目标
1. 培养学生遵纪守法、诚信经营的理念；
2. 培养学生团队合作的能力，增强沟通意识和能力；
3. 培养学生理论联系实际，具体问题具体分析的能力；
4. 培养学生的执行力、创造力，以及科学经营的能力。

 典型岗位

物流客户部经理

岗位职责

职责一：日常业务管理
1. 负责组织大客户业务的开发及经营管理工作，完成经营目标。
2. 负责新客户的开发、客户洽谈以及合同的办理。
3. 负责老客户的维护。
4. 负责大客户的货物配送工作。

职责二：制度与流程建设
1. 制定、完善、优化有关大客户的各项管理制度及流程，并负责实施。
2. 负责管理文件在本部门的实施。
职责三：制定和落实本部门工作计划
1. 制定和落实本部门年度、季度和月度计划。
2. 制定本部门年度、季度和月度预算，执行、控制本部门预算，降低费用成本。
职责四：内部组织管理工作
1. 负责本部门人员队伍建设，选拔、配备、评价下属人员，组织部门技能培训。
2. 负责指导属下员工制订阶段工作计划。

项目二 物流客户开发与管理

工作任务一　确定客户

任务描述

经学校推荐，张明进入融通物流公司实习，进入公司第一天，老李作为他的师傅，将张明介绍给公司各个部门的员工，并告诉张明"今天你的主要任务是了解公司的客户管理相关制度和运营规律"。刚见到客户部经理王经理，王经理就问了张明一个问题："张明，你认为咱们企业的客户有哪些？"假如你是张明，你该如何回答这个问题呢？

任务实操

1. 确定客户类型

你了解的客户类型有哪些？它们的优缺点是什么？各自适用于什么领域？请和小组同学讨论并完成这个任务。

任务训练一

任务内容：对表2-1中的客户进行分类定位并描述其购买特征。

任务要求：要求符合企业管理实际，不得无的放矢。任务时间为30分钟。

训练内容：完成表2-1，并根据表2-2所示的评分标准进行评分。

表2-1　客户分类

序号	客户名称	顾客类型	购买特征
1	张明		
2	顺丰		
3	××××大学		

23

表 2-2 客户分类的评分标准

序号	评分项	分值	分值分配	评分标准
1	顾客类型	30	每个小任务 10 分，分析正确得 10 分，分析错误 0 分	个人客户 组织客户
2	特征分析	60	每个特征 5 分，每个客户特征不得少于 4 个	个人客户：购买量小，购买种类多，购买决策简单 组织客户：购买量大，购买种类少，购买决策复杂
3	内容质量	5	根据答案酌情打分，最高为 5 分	真实性
4	规范性	5	根据答案酌情打分，最高为 5 分	书写规范，语言得当

2. 客户购买行为分析

组织客户因其购买特性，决定了其购买决策的复杂性，所以本任务重点分析组织客户购买行为。组织客户购买决策复杂主要是指决策过程的复杂性和购买角色的复杂性。假如你是张明，在了解基本的组织客户的特性后，该如何对组织客户的购买行为进行分析？

任务训练二

任务内容：分析下面案例给定的企业，按照要求描述该企业的购买流程，并按照该企业的管理分工，写出该企业的 5 种购买角色及对应岗位。

任务要求：要符合企业管理实际，不得无的放矢。任务时间为 30 分钟。

案例内容：Y 学院组织架构及采购流程介绍。

Y 学院实行的是党委领导下的校长负责制，下面是其学院组织架构（见图 2-1）及采购流程（见图 2-2），请认真阅读材料，完成任务训练。

训练内容：完成表 2-3，并根据表 2-4 进行评分。

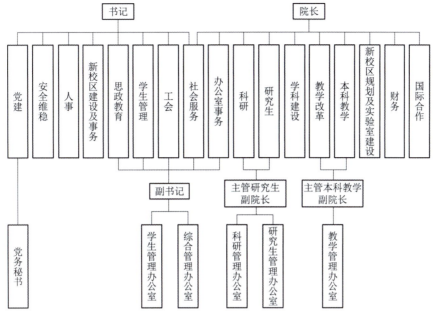

图 2-1　Y 学院组织架构

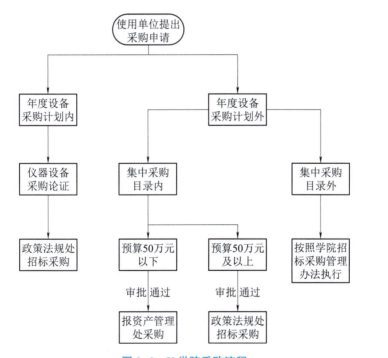

图 2-2　Y 学院采购流程

表 2-3　Y 学院购买行为分析

序号	项目	内容
1	购买流程	
2	购买角色分工	
3	购买角色对应的企业管理岗位	

表 2-4　客户购买行为分析评分标准

序号	评分项	分值	分值分配	评分标准
1	购买流程	30	每个流程 5 分	流程合理，符合企业的实际运营情况
2	购买角色分工	25	每个角色 5 分	分工合理
3	购买角色对应企业管理岗位	25	每个角色对应岗位 5 分	对应准确
4	内容质量	10	根据答案酌情打分，最高为 10 分	真实性
5	规范性	10	根据答案酌情打分，最高为 10 分	书写规范，语言得当

3. 确定目标客户

假如你是张明，请明确写出本公司的目标客户并进行简单的购买行为分析。

任务训练三

任务内容：分析给定的企业（顺丰），按照该企业的市场定位和产品功能进行产品分析和消费群体分析。

任务要求：要求符合企业管理实际，不得无的放矢。任务时间为 30 分钟。

案例内容：顺丰介绍。

顺丰是国内的快递物流综合服务商，总部位于深圳，经过多年发展，已初步建立为客户提供一体化综合物流解决方案的能力，不仅提供配送端的物流服务，还延伸至价值链前端的产、供、销、配等环节，从消费者需求出发，以数据为牵引，利用大数据分析和云计算技术，为客户提供仓储管理、销售预测、大数据分析、金融管理等一套解决方案。

顺丰还是一家具有网络规模优势的智能物流运营商。经过多年的潜心经营和前瞻性的战略布局，顺丰已形成拥有"天网+地网+信息网"三网合一、可覆盖国内外的综合物流服务网络，其直营网络是国内同行中网络控制力强、稳定性高，也是独特稀缺的综合性物流网络体系。

顺丰采用直营的经营模式，由总部对各分支机构实施统一经营、统一管理，保障了网络整体运营质量，是 A 股首家采用直营模式的快递公司。2019 年 9 月 23 日，被教育部等四部门确定为首批全国职业教育教师企业实践基地。2019 年 12 月，顺丰入选 2019 中国品牌强国盛典榜样 100 品牌。2019 年 12 月 18 日，人民日报"中国品牌发展指数"100 榜单排名第 61 位。2020 年 1 月 4 日，获得 2020《财经》长青奖"可持续发展创新奖"。

顺丰的物流产品主要包含时效快递、经济快递、同城配送、仓储服务、国际快递等多种快递服务，以零担为核心的重货快运等快运服务，以及为生鲜、食品和医药领域的客户提供冷链运输服务。此外，顺丰还提供保价、代收货款等增值服务。

训练内容：完成表 2-5，并根据表 2-6 进行评分。

表 2-5 顺丰物流的产品分析和消费群体分析

序号	项目	内容
1	市场定位	
2	产品功能	
3	产品特色	
4	产品定位	
5	目标消费者消费习惯及影响因素分析	
6	目标消费者定位	

表 2-6 评分标准

序号	评分项	分值	分值分配	评分标准
1	市场定位	10	根据答案酌情打分，最高为 10 分	符合企业实际运营情况
2	产品功能	20	最少 4 个功能，每个 5 分	真实性
3	产品特色	20	最少 4 个特色，每个 5 分	真实性
4	产品定位	10	根据答案酌情打分，最高为 10 分	符合企业实际运营情况
5	目标消费者消费习惯及影响因素分析	30	最少 3 个，每个 10 分，消费习惯和影响因素各 5 分	真实性
6	目标消费者定位	10	根据答案酌情打分，最高为 10 分	真实性

知识链接

1. 客户类型的划分

按客户的不同性质，可将客户分为个人购买者和组织购买者两类。

个人购买者是指为满足自身或家庭需要而购买产品和服务的购买者，如购买生活必需品、耐用品等。个人购买实质上是一种习惯性购买活动，

2.1 确定客户

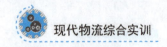

购买对象主要是生活资料，其特点为单次、单品种、单一决策，购买过程相对简单。

组织购买者是为组织再生产或消费目的而购买、使用产品或接受服务的社会成员，主要包括各类工商企业、政府部门和非营利机构等。相对于个人购买而言，组织购买的采购决策过程较为理性，参与决策的人数较多。组织购买的主要特征有：购买者数量较少，购买规模较大；购买者往往集中在少数地区；组织市场需求是引申需求，缺乏弹性，具有波动性；专业购买；组织购买方式比较直接和灵活。

2. 组织客户购买行为分析

1）组织客户购买决策过程

确认购买需要—收集信息—产品方案评估—购买决策—购后行为。

①确认购买需要。这种需要来自内部刺激和外部刺激，正确的需要认知是决策的前提。

②收集信息。消费者的信息来源一般有4个，分别是个人来源、商业来源、公共来源和经验来源。其中，最主要来源是商业来源，最有效来源是个人来源。

③产品方案评估。消费者在获得全面的产品信息后，需要对产品信息进行分析评估，一般涉及3个方面的评估，即产品属性、品牌信念和效用要求。

④购买决策。消费者经过对产品的评估后，会形成一种购买意向，但不一定导致实际购买，从购买意向到实际购买还受一些因素影响，如他人评价、意外因素等。

⑤购后行为。在购买后，消费者会通过商品使用过程检验自己购买决策的正确性，确认满意度，并作为以后购买活动的参考。

2）组织客户购买角色分析

组织客户因管理权限划分，导致购买过程受多人影响。购买过程一般涉及5个角色，即决策者、影响者、购买者、发起者和使用者。

①决策者，即对是否购买、何时付款做出完全或部分最终决定的人。

②影响者，即其看法或建议对最终决策具有一定影响的人。

③购买者，即实际购买产品或服务的人，又称执行者。

④发起者，即首先提出或有意向购买产品的人。

⑤使用者，即产品或服务的使用者和受益人。

3. 确定客户的依据

我们可以从宏观因素、微观因素和消费群体三个方面进行分析，以确定客户。

1）宏观因素分析

①STP营销分析：市场细分（Market Segmenting）、目标市场（Market Targeting）和市场定位（Market Positioning）是构成公司营销战略的核心三要素，被称为STP营销。

②确定客户流程：市场定位—目标市场—市场细分—确定客户。

2）微观因素分析

从微观因素看，客户确定主要是通过企业提供的产品和服务来分析。

①产品描述：即产品的基本情况，包括产地、制造商、公司简介等产品的基本内容以及产品的特性功能分析。

②产品分析：主要从产品的使用价值来分析。使用价值一方面是产品与生俱来的，另一方面则是通过营销策划人的想象力、创造力产生的。

③消费群体分析：消费群体是指有消费行为且具有一种或多种相同的特性或关系的

集体。

消费群体的形成能够为市场提供明确的目标。通过对不同消费者群体的划分，可以准确地细分市场，从而减少经营的盲目性，并降低经营风险。明确消费群体后，就可以根据消费群体的消费心理，制定适当的营销策略，提高企业的经济效益。

知识拓展

顺丰业务介绍

1. 即时配

顺丰同城急送是面向所有客户的全场景同城物流配送，专人专送，为客户提供全城范围内点到点的急速配送服务。

2. 快递服务

同城半日达：为客户提供上午寄下午到、下午寄当天到的同城快递服务。

顺丰即日：为客户提供当日寄件、当日送达的即日快递服务。

顺丰特快：为客户提供"快速、准时、稳定"的高品质、门到门的标准快递服务。

顺丰标快：为客户提供"价格更优、时效稳定、托寄无忧、服务范围广"的门到门的标准快递服务。

3. 快运服务

顺丰卡航：提供单票20 kg+大件托运服务，满足B2C电商大包裹、B2B门店调拨场景、B2B零担托盘货与批量件场景发货需求，全程提供高品质物流服务。

大票直送：为企业客户提供单票500 kg以上大票零担货物的物流服务，能有效分担企业物流成本，助力企业专注生产主业发展。

整车直达：满足客户一辆或多辆整车发货需求的定制的整车直达服务。

城市配送：主要服务客户搬家、运货需求，致力于打造以服务为导向、以客户为核心的高标准服务体系。

4. 冷运服务

冷运标快：基于冷仓，对有温度控制要求的食品提供陆运冷链运输，末端优先派送的专属冷运快递服务。

冷运到店：生鲜冷链城市一体化配送，通过点到多点的方式为生鲜冷链类客户提供周期性配送服务。

冷运大件到港：针对中大公斤段的食品发运需求，提供价格优、时效稳、提派可选择的港列冷链运输服务。

冷运大件标快：针对中小公斤段的食品发运需求，提供响应快速、时效稳定、服务范围广、包接包送的高品质冷链运输服务。

冷运整车：整车生鲜冷链跨城运输，通过点对点、点对多点的方式实现货物直达。

冷运仓储：提供货物冷库储存、分拣、包装、配送、信息流转等一体化冷运服务。

5. 医药服务

精温专递：为医药客户委托的冷链药品（如胰岛素、血液制品、抗癌药品）、诊断试剂、生物样本等提供多种温区运输（0~30 ℃、2~25 ℃、2~8 ℃、15~25 ℃、-25~-15 ℃、-90~-40 ℃等）、全程精准温控的物流服务。

精温定航：为满足多批量少批次的生物制药、疫苗等配送需求，根据药品的属性和温度、湿度要求，通过集拼或分拨、多产品配载等技术和管理手段，为客户提供2~8 ℃精准温区的零担物流服务。

精温整车：根据客户需求提供路线相对固定的跨区域冷藏车运输，是满足客户发运整车药品的运输需求而定制的、符合行业规范的专运产品，它通过点对点、点对多点的方式实现货物完全直达，避免中转环节；同时，为客户提供温度全程数据、单据回收、保价等增值服务。

医药仓储：提供药品、原料药、医疗器械等货物的冷库储存、流通等一体化医药仓储服务。

6. 国际服务

国际标快：为满足客户紧急物品寄递需求，各环节均以最快速度进行发运、中转和派送的高品质门到门国际快件服务。

此外，还有国际特惠、顺丰集运、国际重货、海外仓、国际电商专递、国际小包等服务。

7. 增值服务

增值服务包括保价、包装服务、代收货款、保鲜服务、签单返还、送货上楼、验货服务、定时派送、特殊入仓、装卸服务、安装服务、转寄/退回、密钥认证等。

8. 附加费

附加费包括超长超重费、货物保管费、资源调节费、燃油附加费等。

 素养园地

党的二十大报告指出，中国式现代化，是中国共产党领导的社会主义现代化，既有各国现代化的共同特征，更有基于国情的中国特色。

中国式现代化是人口规模巨大的现代化。我国十四亿多人口整体迈进现代化社会，规模超过现有发达国家人口的总和，发展的艰巨性和复杂性前所未有，发展途径和推进方式也必然具有自己的特点。我们始终从国情出发想问题、作决策、办事情，既不好高骛远，也不因循守旧，保持历史耐心，坚持稳中求进、循序渐进、持续推进。

项目二　物流客户开发与管理

　　中国式现代化是全体人民共同富裕的现代化。共同富裕是中国特色社会主义的本质要求，也是一个长期的历史过程。我们坚持把实现人民对美好生活的向往作为现代化建设的出发点和落脚点，着力维护和促进社会公平正义，着力促进全体人民共同富裕，坚决防止两极分化。

　　在企业管理中，每个企业都要从本企业的实际出发，结合自己的产品和服务，确定自己的客户群体。这个步骤是前提，必须做好，否则，就谈不上客户管理。

任务评价与分析

评价项目	指标说明	分值	互评分	教师评分
目标客户分析	科学、全面，符合实际	20		
客户购买行为分析	科学、严谨、准确	60		
确定客户	精准、科学	20		
任务得分	—			
任务总得分	（互评40%+教评60%）			
任务总结				
反思和建议				

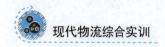

工作任务二　物流客户开发

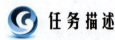

张明经过努力，终于确定了自己的目标客户，接下来的任务就是找到客户并开发成功。看着同事们通过辛勤的劳动获得的丰厚收入，张明既羡慕又恐慌。假如你是张明，你该如何完成自己的任务？

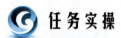

1. 掌握常见的客户开发方法

你了解的客户开发方法有哪些？这些方法的优缺点是什么？各自适用于什么领域？请和小组同学讨论，将客户开发方法填入表 2-7 中，并进行简单分析吧！

表 2-7　客户开发方法

序号	方法	优点	缺点	应用领域
1				
2				
3				
4				

2. 熟悉本公司客户开发流程

你了解的客户开发流程有哪些？这些流程的优缺点是什么？各自适用于什么领域？请你和小组同学讨论并进行简单分析吧！

3. 客户开发计划

通过学习，张明掌握了客户开发的流程及方法技巧，为了更好地完成客户开发任务，王经理让他制订一个客户开发计划（方案），如果你是张明，你该怎么做？请和小组同学讨论，将客户开发计划填入表 2-8 中，并完成这个任务。

表 2-8 客户开发计划

序号	时间	客户数	客户来源	具体措施
1				
2				
3				
4				

知识链接

1. 寻找客户的方法

1）普访寻找法

普访寻找法也称地毯式访问法、逐户寻访法，是指推销人员在任务范围内或选定地区内，用上门探访的形式，对预定的可能成为顾客的单位、组织、家庭乃至个人无一遗漏地进行寻找并确定顾客的方法。

2.2 物流客户开发

2）介绍寻找法

介绍寻找法也称连锁介绍法或无限介绍法，是指推销人员请求现有顾客介绍他认为有可能购买产品的潜在顾客的方法。介绍内容一般是为推销人员提供潜在顾客的名单及简单情况。介绍方法有口头介绍、写信介绍、电话介绍、名牌介绍等。

3）广告拉引法

广告拉引法是指推销人员利用广告等促销手段，直接向广大消费者或产品的最终购买者告知有关产品推销的信息，刺激与诱导消费者的购买欲，再由推销人员向由广告吸引拉近的顾客进行推销活动。由于广告使用的手段与媒介不同，广告拉引法又分为声像广告（如广播广告、电视广告、自媒体广告等）和印刷广告（如书报杂志广告、说明书广告、信函广告等）。

4）委托助手寻找法

委托助手寻找法也称推销信息员法。在国外，这种方法是指推销人员自己出钱聘请一些有关人士做助手寻找与推荐顾客的方法，给助手的佣金数目由推销人员自己确定。在国内，大多是由推销人员所在的单位出面，采用聘请信息员与兼职推销人员的形式实施，推销助手的佣金由企业确定并支付。

5）资料查阅寻找法

资料查阅寻找法又称间接市场调查法，即推销人员通过查阅各种现有资料来寻觅顾客的办法。

2. 客户开发流程

客户开发流程如下。

约见客户—接近客户—客户洽谈—处理客户异议—成交。

①约见客户，又称商业约会，是指推销人员事先征得客户同意再进行推销访问的行为过程。约见内容一般为确定访问对象、访问事由、访问时间、访问地点；常用的约见方法有当面约见、电话约见、信函约见、委托约见和广告约见。

②接近客户，是指推销人员为了同目标客户进行推销洽谈，而对其进行初步的接触或再

次访问。常见的接近方法有介绍接近法、产品接近法、利益接近法、表演接近法、问题接近法、赞美接近法和馈赠接近法。

③客户洽谈，推销洽谈也称推销面议，是指买卖双方为达成交易，以维护各自利益、满足各自需要为目标，就共同关注的问题进行沟通与磋商的活动。客户洽谈一般包含洽谈的目标、内容、原则和方法。

④处理客户异议，客户异议是指客户对推销品、推销人员、推销方式和交易条件表示怀疑、抱怨，提出否定或反对意见。客户异议包含的内容有客户异议的类型、客户异议的成因、处理客户异议的原则、处理客户异议的策略、处理客户异议的方法。

⑤成交，是指客户接受推销人员的购买建议及推销演示，立即购买推销产品的行动过程。常用的成交方法有请求成交法、假定成交法、选择成交法、局部成交法、从众成交法、最后机会成交法、优惠成交法、异议成交法、保证成交法、利益汇总成交法。

3. 客户开发计划

1）制订计划的内容

①明确目标；

②描述实现目标的途径；

③确定具体方法；

④制订全年的行动计划。

2）制订计划的原则（SMART 原则）

①Specific（具体）；

②Measurable（可衡量）；

③Attainable（可达到）；

④Relevant（相关）；

⑤Timetable（以时间为基础）。

 知识拓展

顺丰寄件特殊客户分类

1. 金牌客户：金牌客户是指在过去一年里持续向顺丰快递发货，并且货物总量达到一定标准的客户。

2. VIP 客户：VIP 客户是指在过去一年里持续向顺丰快递发货，并且货物总量达到一定标准的客户。

3. 特殊客户：特殊客户是指在一定时间内发送的货物量达到一定标准的客户。

4. 大客户：大客户是指在一定时间内发送的货物量达到一定标准的客户。

5. 重点客户：重点客户是指在一定时间内发送的货物量达到一定标准的客户。

6. 企业客户：企业客户是指在一定时间内发送的货物量达到一定标准的企业客户。

7. 政府机构客户：政府机构客户是指在一定时间内发送的货物量达到一定标准的政府机构客户。

8. 国际客户：国际客户是指在一定时间内发送的货物量达到一定标准的国际客户。

9. 社会公益组织客户：社会公益组织客户是指在一定时间内发送的货物量达到一定标准的社会公益组织客户。

素养园地

党的二十大报告指出，全面建设社会主义现代化国家，是一项伟大而艰巨的事业，前途光明，任重道远。当前，世界百年未有之大变局加速演进，新一轮科技革命和产业变革深入发展，国际力量对比深刻调整，我国发展面临新的战略机遇。

在这个过程中，我们要坚持深化改革开放。深入推进改革创新，坚定不移扩大开放，着力破解深层次体制机制障碍，不断彰显中国特色社会主义制度优势，不断增强社会主义现代化建设的动力和活力，把我国的制度优势更好转化为国家治理效能。

坚持发扬斗争精神。增强全党全国各族人民的志气、骨气、底气，不信邪、不怕鬼、不怕压，知难而进、迎难而上，统筹发展和安全，全力战胜前进道路上的各种困难和挑战，依靠顽强斗争打开事业发展新天地。

企业客户开发经常存在各种问题，如目标协同难，组织协同难，利益协同难，项目协同难。

华为在业务发展初期，就是一步步克服了上述问题，最后形成了自己的客户开发管理模式，即铁三角模式，并推广应用在公司业务的各领域、各环节。把客户经理、方案经理、交付经理等角色融合到一起，从销售团队在前方单打独斗的模式，转变为各部门协同作战。华为在发展过程中，不断战胜各种困难，才有了今天。国家发展如此，企业发展亦如此，个人也一样。

任务评价与分析

评价项目	指标说明	分值	互评分	教师评分
寻找客户方法分析	方法合理，经济有效	30		
客户开发流程分析	科学、严谨，有条理	30		
客户开发计划	效率、经济	40		
任务得分	—			
任务总得分	（互评40%+教评60%）			
任务总结				
反思和建议				

工作任务三　物流客户管理

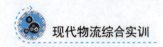
任务描述

张明经过努力，终于拥有了自己的客户。为了让客户满意，提升企业管理效率，张明绞尽脑汁想制定一套管理制度，对客户进行全方位管理。假如你是张明，你该如何实现自己的目标？

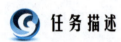
任务实操

1. 掌握常见的客户信息收集与整理的方法

你了解的客户信息收集与整理的方法有哪些？它们的优缺点是什么？各自适用于什么领域？请和小组同学讨论并进行简单分析吧！

2. 掌握客户分级管理方法

你了解的客户分级管理方法有哪些？它们的优缺点是什么？各自适用于什么领域？请和小组同学讨论并进行简单分析吧！

任务训练一

通过学习，张明掌握了客户分级的基本知识。现在，张明试着用所学知识对客户进行分级。请将表 2-9 补充完善，并根据表 2-10 所示的客户分级评分标准进行评分。

表 2-9　客户分级

序号	项目	项目内容
1	客户名称	
2	分级依据	
3	分级方法	
4	对应服务	

表 2-10　客户分级评分标准

序号	项目	分值	评分标准
1	客户名称	10	客户性质清晰即可
2	分级依据	20	符合企业实际，清晰明确，如价值、重要性、销售额或市场份额等
3	分级方法	20	方法明确，阐述清晰
4	对应服务	50	按照分级给予不同的权限，最少5条，每条10分

3. 客户信用管理

你了解的客户信用管理方法有哪些？它们的优缺点是什么？各自适用于什么领域？请和小组同学讨论并进行简单分析吧！

任务训练二

通过学习，张明掌握了客户信用管理的基本知识，现在，张明试着用所学知识对公司的客户信用管理评价体系进行诊断和修正，并建立公司的客户信用管理档案。请将表 2-11 补充完整，并根据表 2-12 所示的客户信用管理档案评分标准进行评分。

表 2-11　客户信用管理档案

序号	项目	项目内容
1	客户名称	
2	评估内容	
3	评估方法	
4	信用级别及对应权利	

表 2-12　客户信用管理档案评分标准

序号	项目	分值	评分标准
1	客户名称	10	客户具体，符合实际
2	评估内容	40	最少 4 点，要具体可行，每点 10 分
3	评估方法	20	方法要具体
4	信用级别及对应权利	30	最少分三级，每级应有名称和对应权利

4. 客户满意度管理

你了解的客户满意度管理方法有哪些？它们的优缺点是什么？各自适用于什么领域？请和小组同学讨论并进行简单分析吧！

任务训练三

通过学习，张明掌握了客户满意度管理的基本知识。现在，张明试着用所学知识对公司的客户满意度评价体系进行诊断和修正，并建立公司客户满意度管理档案。请将表 2-13 补充完整，并根据表 2-14 所示的客户满意度管理档案评分标准进行评分。

表 2-13　客户满意度管理档案

序号	项目	项目内容
1	客户名称	
2	客户满意度评价指标	
3	客户满意度级别	
4	对应服务政策	

表 2-14　客户满意度管理档案评分标准

序号	项目	分值	评分标准
1	客户名称	10	客户具体，符合实际
2	客户满意度评价指标	20	指标明确，具备权威性、科学性，如美誉度、知名度、回头率、抱怨率、投诉率、销售力等
3	客户满意度级别	10	最少分三级，少于三级得 0 分
4	对应服务政策	60	最少 4 点，政策要具体可行，每点 15 分

5. 客户忠诚度管理

你了解的客户忠诚度管理方法有哪些？它们的优缺点是什么？各自适用于什么领域？请和小组同学讨论并进行简单分析吧！

任务训练四

通过学习，张明掌握了客户忠诚度管理的基本知识。现在，张明试着用所学知识对公司客户的忠诚度评价体系进行诊断和修正，并建立公司客户忠诚度管理档案。请将表 2-15 补充完整并根据表 2-16 所示的客户忠诚度管理档案评分标准进行评分。

表 2-15　客户忠诚度管理档案

序号	项目	项目内容
1	客户名称	
2	客户忠诚度评价指标	
3	客户忠诚度级别	
4	对应服务政策	

表 2-16　客户忠诚度管理档案评分标准

序号	项目	分值	评分标准
1	客户名称	10	客户具体，符合实际
2	客户忠诚度评价指标	40	指标明确，具备权威性、科学性；最少 4 点，要具体可行，每点 10 分
3	客户忠诚度级别	10	最少分三级，少于三级得 0 分
4	对应服务政策	40	最少 4 点，政策要具体可行，每点 10 分

知识链接

1. 客户信息的收集与整理

1) 客户信息

客户信息是指客户基本情况、客户喜好、客户细分、客户需求、客户联系方式等一些关于客户的基本资料。

客户信息可分为个人客户信息和企业客户信息。个人客户信息包括客户的基本信息、消费情况、事业情况、家庭情况、生活情况、教育情况、个性情况和人际情况等。企业客户信息包括客户的名称、所属区域、

2.3　物流客户管理

性质、来源、所属行业、信用状况、类型策略、购买策略、员工数量、企业规模、从业时间、行业地位、结算方式、希望代理、电话和传真、电子邮件、单位网址、通信地址、邮政编码、交易次数、交易金额、首次交易、最近交易等。

2）客户信息收集方法

客户信息收集是指客户数据的收集、整理和加工；客户知识获取是指客户信息的统计、分析和预测；客户知识运用是指客户知识的发布、传递和利用。

收集客户信息的方法多种多样，因具体情况而异。收集资料时不能漫无目的，要避免收集太多无用信息。常用的收集客户信息的方法有人员走访法、电话调查法、邮件调查法、现场观察法、焦点团体法、实验调查法和网络调查法等。

3）客户信息整理和分析

获取客户信息时，要充分明确自身的信息需求，积极汇聚潜在客户信息，要以敏锐的触觉感知市场，洞悉自己的竞争对手，实时跟踪动态信息的流变，要对行业市场全貌有所了解。信息收集后要进行归类整理，便于及时回复和节省时间。需要收集的客户信息一般有大客户基础资料、项目资料、竞争对手资料等。

对于收集的客户资料，应主要从以下 8 个方面进行分析。

①企业的基本情况；

②企业背景；

③公司核心产品的研发、生产与销售状况；

④公司的发展目标与战略选择；

⑤市场营销情况；

⑥重点岗位人员情况；

⑦财务与资信状况；

⑧是否有明显不良的公共记录。

4）客户信息的归档管理

客户的资料经过收集、整理与分析后，不能随意丢弃，而要作为档案进行存放，以便备查。目前，大多数企业为客户建立档案主要采取客户名册、客户资料卡和客户数据库等三种形式。

客户名册。客户名册一般由客户信息表和客户一览表组成。

客户资料卡。客户资料卡也是一种简便易行地建立客户档案的方法。目前，许多企业已经开始重视建立和实施客户资料卡制度，并采用不同类型的客户资料卡，以相互配合使用。常见客户资料卡有潜在客户资料卡、现有客户资料卡、全客户资料卡等。

客户数据库。客户数据库是运用现代计算机技术发展成果建立的客户信息数据库，在客户信息存储内容、规模和咨询使用等方面都是前两种方式所不能比拟的。其优势的具体表现有两点：一是客户数据库使建立大规模客户档案成为可能；二是客户数据库带来了营销方式的变化。

2. 客户分级管理

客户分级是企业根据客户对企业的不同价值和重要程度，将客户区分为不同的层次，从而为企业的资源分配提供依据的方法。对客户进行分级有利于针对不同类型的客户进行分析，分别制定客户服务策略。

1) 客户分级管理类型

根据客户数量和贡献值，可以把客户分为重要客户、次要客户、普通客户和小客户。客户数量与贡献值对应关系见图 2-3。

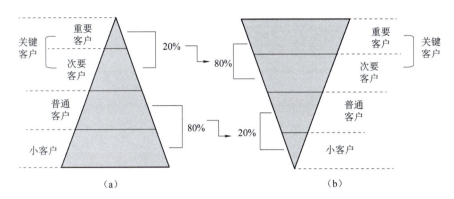

图 2-3　客户数量与贡献值对应关系
（a）客户数量金字塔；（b）客户贡献值金字塔

重要客户，是客户金字塔中最高层的客户，是能够给企业带来最大价值的前 1% 的客户。

次要客户，是除重要客户以外给企业带来最大价值的前 20% 的客户，一般占客户总数的 19%。

普通客户，是除重要客户与次要客户之外的为企业创造最大价值的前 50% 的客户，一般占客户总数的 30%。

小客户，是客户金字塔中最底层的客户，是为企业创造价值的后 50% 的客户。

2) 客户分级管理方法

（1）二级分类法

二级分类法的理论依据源于市场营销学中的"二分法定理"，也称为"二八定律"。该定理可概括为：一个系统中 80% 的效果，是由 20% 的因素产生的。基于这个理论，二级分类法将客户分为高价值客户和普通客户两类。高价值客户通常只占客户总数的一小部分，但他们的贡献却占到了企业收益的大部分；普通客户虽然数量众多，但其贡献相对较小。因此，企业应该将更多的精力和资源投入高价值客户的维护和管理上，以提高客户忠诚度和满意度，从而促进企业的长期发展。

（2）ABC 客户分级法

ABC 客户分级法将客户分为三级。第一级是关键客户，即 A 类客户；第二级是主要客户，即 B 类客户；第三级是普通客户，即 C 类客户。

（3）四级分类法

四级分类法见图 2-4。

第一级是最有价值客户，称为 VIP 客户。VIP 客户约占全部客户的 1%。VIP 客户数量少但价值大，是企业应该重点关注的客户群体。

第二级是最具增长性客户，称为主要客户。VIP 客户和主要客户约占客户总数的 20%，是企业的"神"。

第三级是低贡献客户，称为普通客户。

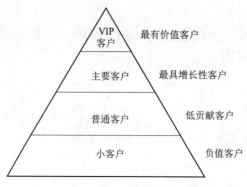

图 2-4　四级分类法

第四级客户是负值客户，在客户等级金字塔的底部有一些消极的顾客，他们被称为小客户。普通客户和小客户占客户总数的 80% 左右，都是劣质客户或负值客户。

3. 客户信用管理

客户信用风险是指企业与客户在商品交易过程中由于使用商品赊销、分期付款以及预付定金等信用方式，可能出现债务人不能按时偿付或兑现的风险。

客户信用管理是指企业对客户信用交易进行科学管理以控制信用风险的技术。客户信用管理主要功能包括客户信用档案建立、客户资信评估、客户信用限度管理、客户服务跟踪和客户关系维护等。

1）客户信用档案建立

客户信用档案是指企业在信用管理活动中收集到的经过分析、整理、归纳形成的并按一定要求保存备查和使用的客户信息载体。这里的信用信息载体包括企业信用管理部门收集的有关客户信用信息的原始资料和原始记录，如客户内部的基本信息、财务信息以及相关外部信息资料等；也包括经过信用管理人员提炼、加工、整合的可以真实、完整、准确反映客户信用水平的数据资料和报告文件，如客户资信调查报告、客户信用分析报告等。

（1）客户信用管理流程

客户信用管理流程分为整理资料、销售业绩分析、划分客户等级三步。

（2）客户信用调查

客户信用调查包括外部调查和内部调查。

①外部调查是利用某种机构进行信用调查，包括通过金融机构（银行）进行调查、利用专业资信调查机构进行调查、通过客户或行业组织进行调查。

②内部调查是利用数据资料分析调查，主要包括财务报表、客户以往偿还债务的记录、客户的信用等级与信用报告。

常用的客户信用档案如表 2-17 所示。

表 2-17　常用的客户信用档案

序号	客户名称	基础资料	客户特征	业务状况	交易现状
1					
2					
3					

2）客户资信评估

客户资信评估是指企业自己或聘请资信评估机构在对客户进行全面考察分析的基础上，对其履行各种经济承诺（包括借贷承诺、债务承诺等）的能力及其可信任程度所进行的综合分析和评价。

客户资信评估主要包括以下 5 个方面的内容。

（1）企业素质

在企业素质方面，主要是考察企业的领导者素质、员工素质、管理能力、技术装备水平、竞争能力和拥有的无形资产等内容，侧重分析企业领导的才干和领导水平。

（2）资金实力

资金实力强弱在一定程度上反映企业的规模大小和资信程度的高低。反映企业资金实力的主要指标有注册资金、投资总额、企业资金自有率等。

（3）资金信用

资金信用是指企业在生产经营结算中延期收、付款的行为或资金的借贷关系，是影响企业资信的重要因素之一。反映企业资金信用状况的指标主要有贷款偿还率、货款支付率和货款回收率。

（4）财务和盈利能力

对财务和盈利能力的分析主要有流动性比率分析、资金结构比率分析和盈利能力比率分析。

①流动性比率分析。所谓流动性，是指企业除现金外的其他资产能否及时兑换成现金的程度。流动性越高，表示企业的资信度越好。流动性比率主要有现金比率、流动比率、速动比率、应收账款周转率、存货周转率等。

②资本结构比率分析。这一类比率主要用于评定企业的长期偿债能力及评价企业的资本结构是否合理。企业的长期偿债能力越强，资本结构越合理，资信度也越高。资本结构比率主要包括负债比率、所有者权益比率、负债权益比率、利息保障倍数等。

③盈利能力比率分析。这一类比率主要从不同角度测算企业盈利能力的水平，衡量企业管理绩效的优劣。盈利水平越高，企业的资信度越高。盈利能力比率主要包括资本金利润率、营业收入利税率、成本利润率、资产报酬率、财务杠杆等。

（5）发展前景

发展前景主要是通过市场分析，判断企业在市场中的地位、企业的竞争能力和应变能力，评价企业的发展规划、管理手段以及制定的措施是否切实可行等方面的情况。在具体评估时，可以根据实际选取这些指标中有代表性的指标作为考核评估的依据。

3）客户资信评估方法

客户资信评估工作要以科学的态度，坚持客观、公正、超脱、实事求是的宗旨。客户资信评估方法可以采取定量分析与定性分析相结合，静态分析与动态分析相结合，做到准确、全面地反映企业的资信状况。

（1）"5C"评估法

所谓"5C"评估法，是指重点分析影响信用的 5 个方面的一种评估方法。这 5 个方面是品行（Character）、能力（Capacity）、资本（Capital）、抵押品（Collateral）和条件（Condition）。这 5 个方面的英文的第一个字母都是 C，故称为"5C"。这是一种质的标准评价。

（2）信用评分法

信用评分法是一种定量分析法，即从数量分析的角度评估客户信用的一种方法。其计算公式为

$$S = a_1 f_1 + a_2 f_2 + \cdots + a_n f_n = \sum_{i=1}^{n} a_i f_i \qquad (2-1)$$

式中，S 为某企业信用评分；a_i 为事先拟定的对第 i 种财务比率或信用品质的加权权数；f_i 为客户第 i 种财务比率或信用品质的评分。

在采用信用评分法评分时，分数在 80 分以上者，说明企业信用情况良好；分数在 60～80 分者，说明信用情况一般；分数在 60 分以下者，说明其信用情况较差。

（3）等级评定法

等级评定法是指对评价内容的指标进行考核评定等级，按每一等级给定的分数计分，最后得出总分，再按总分确定客户的资信等级的方法。

（4）A-FA 综合评价法

A-FA 综合评价法的步骤：确立评价指标体系；A-FA 综合评价；样本识别。

（5）经验评估法

这种方法是一种比较直接的资信评估方法，即选定几项评价指标，评价人员按照客户提供的资料和实际了解的情况，根据自己的经验直接给出某一指标的等级，最后再对各项指标等级权衡，从而确定客户信用等级的一种办法。

4）客户资信等级管理

我们可将客户按其资信情况分为 A、B、C、D 四级。

A 级客户：盈利水平很高；短期债务的支付能力和长期债务的偿还能力很强；企业经营处于良性循环状态，不确定因素对企业经营与发展的影响很小。

B 级客户：盈利水平在同行业中处于平均水平；具有足够的短期债务支付能力和长期债务偿还能力；企业经营处于良性循环状态，但企业的经营与发展易受企业内外部不确定因素的影响，可能会使企业的盈利能力和偿债能力产生较大波动。

C 级客户：盈利水平相对较低，甚至出现亏损；短期债务支付能力和长期债务偿还能力不足，经营状况不好；促使 C 级客户的经营与发展走向良性循环的内外部因素较少。

D 级客户：亏损严重，基本处于资不抵债的状态；短期债务支付困难，长期债务偿还能力极差；企业经营状况一直不好，基本处于恶性循环状态；促使 D 级客户的经营与发展走向良性循环状态的内外部因素极少，企业濒临破产或已经资不抵债，属破产企业。

6. 客户满意度管理

客户满意度是一种感觉状态的水平，它来源于客户对产品或服务可感知的绩效与客户的期望所进行的比较。因此，客户满意度是绩效与期望差异的函数。绩效与期望之间的不同差异形成了不同程度的客户满意度，满意度用数学公式可以表示为

满意度 = 可感知绩效/期望值

当满意度的数值小于 1 时，表示客户对一种产品或事情可以感知到的结果低于自己的期望值，即没有达到自己的期望目标，这时客户就会产生不满意。该值越小，表示客户越不满意。

当满意度的数值等于1或接近于1时，表示客户对一种产品或事情可以感知到的结果与自己事先的期望值是相匹配的，这时客户就会表现满意。

当满意度的数值大于1时，表示客户对一种产品或事情可以感知到的效果超过了自己事先的期望，这时客户就会兴奋、惊奇和高兴，感觉的状态就是高度满意或非常满意。

这里的绩效来源于客户让渡价值，而客户对产品或服务的期望则主要受自身以往的购买经验、他人经验的影响，营销人员和竞争者的信息与承诺也是其影响因素。

1）影响客户满意度的因素

影响客户满意度的因素有企业、产品、营销与服务体系、沟通、客户关怀等。

2）客户满意度的衡量

客户满意度的衡量包括企业产品和企业服务两个方面。

一般来说，企业产品的客户满意度的衡量可以概括为品质、设计、数量、时间、价格、服务6项。

企业服务的客户满意度的衡量可概括为绩效、保证、完整性、便于使用、情绪、环境6项。

3）客户满意度指标

常见的客户满意度指标包括美誉度、知名度、回头率、抱怨率、投诉率、销售力等。

7. 客户忠诚度管理

客户忠诚度是指客户对产品或服务的忠诚程度，是客户忠诚的量化指标，表现为客户继续接受该产品或服务的可能性。

1）提高客户忠诚度的方法

控制产品质量和价格；了解企业产品；了解企业客户；提高服务质量；提高客户满意度；超越客户期待；满足客户个性化要求；正确处理客户问题；让购买程序变得简单；服务内部客户。

2）提升客户忠诚度的途径

①不断完善服务体系。

提供特色服务；完善售后服务体系；建立快速的客户信息传递系统。

②培养以客户忠诚为导向的员工。

制订员工培训计划；将客户忠诚目标纳入员工绩效考核范畴。

③提高客户满意度。

以创新超越客户的期望；增加与客户的沟通；正确处理客户的抱怨。

④不断改进产品质量，优化产品设计。

企业应当树立赢得客户忠诚为准则的质量理念；企业还应继续优化产品设计。

⑤提高转换成本。

⑥塑造良好的企业形象，树立品牌。

⑦持续经营。

3）测评客户忠诚度的指标

①客户重复购买的次数。

②客户挑选花费的时间。

③客户对价格的敏感程度。

④客户对竞争产品的态度。
⑤客户对产品质量的承受能力。

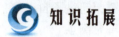
知识拓展

物流客户开发与管理新工具新技术

顺丰企业一站式大数据平台基于业内主流技术，由顺丰科技自主研发，一站式提供从数据接入数据服务的大数据管理平台。这个平台不仅能为用户提供数据采集、存储、计算、搜索、管理、治理等大数据能力，还能提高企业完成智能数据构建与管理的能力。

1. 数据管理，自动记录元数据信息，数据全生命周期追查。
2. 资产治理，全局把握数据资产，快速使用，智能追踪产生价值。
3. 数据规范，从业务领域对数据进行划分，支撑企业快速决策。
4. 快速同步，快速响应多场景数据同步请求。
5. 数据安全，包含数据识别、全套数据安全管理方案。

使用企业一站式大数据平台，不仅可以不断提升数据开发效率，还可显著降低数据开发周期及成本，降低传统企业数字化转型成本，为企业提供低人力、低时间、低开发门槛的可拓展技术应用的大数据支撑。

素养园地

党的二十大报告指出，要坚持全面依法治国，推进法治中国建设。

全面依法治国是国家治理的一场深刻革命，关系党执政兴国，关系人民幸福安康，关系党和国家长治久安。必须更好发挥法治固根本、稳预期、利长远的保障作用，在法治轨道上全面建设社会主义现代化国家。

我们要坚持走中国特色社会主义法治道路，建设中国特色社会主义法治体系、建设社会主义法治国家，围绕保障和促进社会公平正义，坚持依法治国、依法执政、依法行政共同推进，坚持法治国家、法治政府、法治社会一体建设，全面推进科学立法、严格执法、公正司法、全民守法，全面推进国家各方面工作法治化。

网络时代衍生了一系列问题，个人信息泄露事件层出不穷。电商时代更需要知法守法。目前我国已制定了多条法律法规，以保障个人的信息安全。

1. 《中华人民共和国刑法》：根据刑法第253条规定，违法获取或者泄露公民个人信息的，将面临刑事处罚，情节严重的可能被判处拘役或者有期徒刑。
2. 《中华人民共和国民法典》：根据民法典第111条规定，个人的姓名、肖像、名誉、荣誉、隐私等合法权益受到侵害的，受害人有权要求侵权人承担侵权责任，包括赔礼道歉、恢复名誉、消除影响、赔偿损失等。

3.《中华人民共和国网络安全法》：根据网络安全法第40条规定，网络运营者泄露用户个人信息的，应当及时采取补救措施，并向用户公开说明情况，违法泄露用户个人信息的，相关责任人员将面临行政处罚。

除了以上法律之外，还有其他法律法规涉及公司泄露客户信息的问题。因此，公司应该加强内部管理，保护客户信息安全，一旦发现信息泄露问题，应及时采取补救措施，避免给客户带来损失，并承担相应的法律责任。

任务评价与分析

评价项目	指标说明	分值	互评分	教师评分
客户分级管理	科学、全面	20		
客户信用管理	科学、严谨、全面	20		
客户满意度管理	科学、严谨、全面，符合实际	30		
客户忠诚度管理	科学、严谨、全面，符合实际	30		
任务得分	—			
任务总得分	（互评40%+教评60%）			
任务总结				
反思和建议				

工作任务四　客户关系绩效管理

任务描述

张明经过努力，建立了一系列的客户管理制度，使客户管理制度化、科学化、系统化，为公司的发展和壮大做出了突出的贡献。不知不觉，一年过去了，为了更好地管理客户，张明决定建立一套科学合理的评价系统，对自己的客户进行评价。假如你是张明，你该如何设计客户绩效评价制度？如何完成自己的任务？

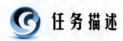

任务实操

1. 确定客户关系绩效管理评价流程

请结合该企业实际情况，撰写出本公司的客户关系管理绩效评价流程。

2. 客户关系绩效管理评价指标

请通过查询资料，写出企业常用的客户关系绩效管理评价指标。

3. 客户关系绩效管理评价方法

请通过查询资料，写出企业常用的客户关系绩效管理评价方法。

项目二　物流客户开发与管理

4. 客户关系绩效管理模式

请通过查询资料，写出企业常用的客户关系绩效管理模式，并进行简单分析。

任务训练

请通过查询资料，制订一个简单的客户关系绩效管理方案。请将表 2-18 填写完整，并根据表 2-19 所示的评分标准进行评分。

表 2-18　客户关系绩效管理方案

序号	项目	项目内容
1	评价方法	
2	评价流程	
3	评价指标	
4	绩效管理模式	
5	模型搭建	

表 2-19　客户关系绩效管理指标评价体系评分标准

序号	项目	分值	评价标准
1	评价方法	20	详细介绍应用的评价方法，要求科学、合理
2	评价流程	20	评价流程：确定评价指标—收集数据—分析数据—评价绩效—反馈结果。每步 4 分，共 20 分；顺序错误得 0 分
3	评价指标	20	最少设置 4 个指标，每个指标得 5 分。常见指标有客户满意度、销售业绩、客户增长、销售效率、客户沟通频次、客户反馈数量、客户投诉率、数据质量、成本控制等

49

续表

序号	项目	分值	评价标准
4	绩效管理模式	20	详细介绍应用的绩效管理模式，要求科学、符合实际
5	模型搭建	20	要求按照企业要求，搭建出简单的评价框架模型，模型要符合实际

知识链接

1. 客户关系绩效管理评价流程

①确定评价指标：根据客户关系管理（CRM）系统的目标和要求，确定相关的绩效评价指标，例如客户满意度、客户忠诚度、客户数量、客户留存率、销售额等。

②收集数据：收集与绩效评价指标相关的数据，包括客户相关数据、销售数据、服务数据等。可以利用 CRM 系统中的数据分析工具，对数据进行分析和挖掘，获取更多的信息。

③分析数据：利用统计分析方法，对收集到的数据进行分析，了解 CRM 实施的绩效表现和存在的问题。根据分析结果，制定相应的绩效改进措施。

2.4 客户绩效管理

④评价绩效：根据评价指标和分析结果，对 CRM 实施的绩效进行评价。例如，利用客户满意度调查问卷进行客户满意度评价，利用客户转化率进行销售额评价，利用客户留存率进行客户忠诚度评价等。

⑤反馈结果：将绩效评价结果及时反馈给相关部门和人员，以促进绩效改进和优化。此外，可以利用绩效报告、绩效分析图表等形式，直观呈现评价结果，方便企业管理层和相关人员进行参考和决策。

绩效评价是一个反复循环的过程，需要不断地收集数据、分析数据、评价绩效和反馈结果，以不断优化和改善 CRM 实施的绩效。通过科学、准确的绩效评价，可以提高企业的 CRM 实施效果，提高客户满意度和忠诚度，进而提升企业的市场竞争力和盈利能力。

2. 客户关系绩效管理评价指标

客户关系绩效管理评价可以从多个角度进行，常见的绩效评价指标有客户满意度、销售业绩、客户增长量、销售效率、客户沟通和互动（指客户联系频次、客户反馈数量、客户投诉率等）、数据质量和成本控制等。

客户关系绩效管理评价指标的选取要遵循相关性原则、可比性原则、重要性原则和经济性原则，这样才能设计出科学合理的绩效评价体系。

3. 客户关系绩效管理评价方法

常见的客户关系绩效管理评价方法有简单排序法、强制分配法、要素评定法、工作记录法、目标管理法、全面评价法、关键绩效指标法、目标与关键成果法和平衡计分卡法。我们重点学习平衡计分卡法。

平衡计分卡（Balanced Score Card，BSC）是常见的绩效考核方式之一，平衡计分卡是从财务、客户、内部经营流程、学习与成长四个角度，将组织的战略落实为可操作的衡量指标和目标值的一种新型绩效管理体系。

平衡计分卡打破了传统的只注重财务指标的业绩管理方法。平衡计分卡认为，传统的财务会计模式只能衡量过去发生的事情（落后的结果因素），但无法评估组织前瞻性的投资（领先的驱动因素）。在工业时代，注重财务指标的管理方法是有效的。但在信息社会，传统的业绩管理方法并不全面，企业必须通过在客户、供应商、员工、组织流程、技术和革新等方面的投资，获得持续发展的动力。正是基于这样的认识，平衡计分卡认为，组织应从四个角度审视自身业绩：财务、客户、内部经营流程、学习与成长。

平衡计分卡包含五项平衡。

第一，财务指标和非财务指标的平衡。企业考核的一般是财务指标，而对非财务指标（如客户、内部经营流程、学习与成长）的考核很少，即使有对非财务指标的考核，也多是定性的说明，缺乏量化的考核，也缺乏系统性和全面性。

第二，企业长期目标和短期目标的平衡。平衡计分卡是一套战略执行的管理系统，如果以系统的观点来看平衡计分卡的实施过程，则战略是输入，财务是输出。

第三，结果性指标与动因性指标之间的平衡。平衡计分卡以有效完成战略为动因，以可衡量的指标为目标管理的结果，寻求结果性指标与动因性指标之间的平衡。

第四，企业组织内部群体与外部群体的平衡。平衡计分卡中，股东与客户为外部群体，员工和内部业务流程是内部群体，平衡计分卡可以在有效执行战略的过程中，发挥平衡这些群体间利益的重要作用。

第五，领先指标与滞后指标之间的平衡。财务、客户、内部经营流程、学习与成长这四个方面包含了领先指标和滞后指标。财务指标就是一个滞后指标，它只能反映公司上一年度发生的情况，不能告诉企业要如何改善业绩和可持续发展。平衡计分卡对后三项领先指标的关注，使企业达到了领先指标和滞后指标之间的平衡。

平衡计分卡的设计包括财务、客户、内部经营流程、学习与成长四个层面，这几个层面分别代表企业的三个主要利益相关者：股东、客户、员工。每个层面的重要性都取决于其本身和指标的选择是否与公司战略一致。平衡计分卡的每一个层面，都有其核心内容。

1）财务层面

财务业绩指标可以显示企业的战略及其实施和执行是否对改善企业盈利做出贡献。财务目标通常与获利能力有关，其衡量指标有营业收入、资本报酬率、经济增加值等，也可能是销售额的迅速提高或创造现金流量。

2）客户层面

在平衡计分卡的客户层面，管理者确立了业务单位将竞争的客户和市场，以及业务单位在这些目标客户和市场中的衡量指标。客户层面的指标通常包括客户满意度、客户保持率、客户获得率、客户盈利率，以及在目标市场中所占的份额。客户层面能够使业务单位的管理者阐明客户和市场战略，从而创造出出色的财务回报。

3）内部经营流程层面

在这一层面，管理者要确认组织擅长的关键内部经营流程，这些流程能帮助业务单位提供价值主张，吸引和留住目标细分市场的客户，并满足股东对卓越财务回报的期望。

4）学习与成长层面

这一层面确立了企业要创造长期的成长和改善就必须建立的基础框架，确立了未来成功的关键因素。平衡计分卡的前三个层面一般会揭示企业的实际能力与实现突破性业绩所必需的能力之间的差距，为了弥补这个差距，企业必须投资于员工技术的再造、组织程序和日常工作的理顺，这些都是平衡计分卡学习与成长层面追求的目标。学习与成长层面关注的指标有员工满意度、员工保持率、员工培训和技能等，还包括这些指标的驱动因素。

好的平衡计分卡不仅仅是重要指标或重要成功因素的集合。一份结构严谨的平衡计分卡应当包含一系列相互联系的目标和指标，这些指标不仅要前后一致，而且要互相强化。例如，投资回报率是平衡计分卡的财务指标，这一指标的驱动因素可能是客户的重复采购和销售量的增加，而这二者是客户的满意度带来的结果。因此，客户满意度被纳入计分卡的客户层面。通过对客户偏好的分析显示，客户比较重视按时交货率这个指标，因此，按时交付程度的提高会带来更高的客户满意度，进而带动财务业绩的提高。于是，客户满意度和按时交货率都被纳入平衡计分卡的客户层面。而较佳的按时交货率又要通过缩短经营周期，提高内部过程的质量来实现，因此，这两个因素就成为平衡计分卡的内部经营流程指标。于是，企业要改善内部经营流程质量并缩短周期的实现，又需要培训员工并提高他们的技术，员工技术就成为学习与成长层面的目标。这是一个完整的因果关系链，贯穿平衡计分卡的四个层面。

平衡计分卡通过因果关系提供了把战略转化为可操作内容的一个框架。根据因果关系对企业的战略目标进行划分，可以分解为实现企业战略目标的几个子目标，这些子目标是各个部门的目标，同样，各中级目标或评价指标可以根据因果关系继续细分，直至最终形成可以指导个人行动的绩效指标和目标。

4. 客户关系绩效管理模式

1）基于目标管理的绩效管理模式

基于目标管理的绩效管理通常包括四个主要阶段，即计划、指导、测评和激励，这与目标管理的计划、执行、检查和反馈四个阶段相对应：

计划——进行目标分解；

指导——目标任务分解后的支持；

测评——对计划执行结果的评价；

激励——员工行为结果的奖惩。

2）基于关键绩效指标的绩效管理模式

这种绩效管理模式是通过对组织内部某一流程的输入端、输出端的关键参数进行设置、取样、计算和分析，并以此来衡量绩效的一种目标式量化管理方法。

这种绩效管理模式的特征：把员工的个人行为与企业的远景、战略和部门结合在一起，使员工的个人绩效和客户价值联系在一起；依据企业的发展战略和流程来设计员工绩效考核指标。

3）基于平衡计分卡的绩效管理模式

这种绩效管理模式是一套包括财务指标和非财务指标的、较为全面的企业经营绩效评价工具，包括财务维度、客户维度、内部经营流程维度及学习与成长维度。

基于平衡计分卡的绩效管理模式的优势有以下几点。

①综合测评财务的有形和无形方面，同时也兼顾非财务方面；

②涉及完整的商业领域和技术领域；

③可以评价客户满意度；

④在评价客户关系管理绩效时始终保持一致性；

⑤可以控制并改进企业的内部行为。

5. 客户关系绩效管理结果分析

1）基于财务指标评价的客户关系管理投资回报分析模型

投资回报（Return on Investment，ROI）分析是一种基于财务分析的绩效评价方法，侧重于从财务角度对客户关系绩效管理实施和运行的整个流程做出评价。

投资回报分析包括客户关系绩效管理的投资、成本、收益、利润增长点和相应的投资回报指标。

2）基于营销生产率的投入产出分析模型

营销生产率（Marketing Productivity）是评价企业在市场营销活动中的营销投入与产出之间相互关系的工具。

营销生产率主要指标有战略与策略、客户影响、营销资产、客户影响、市场影响、财务影响、对企业价值的影响等。

3）基于服务生产力的投入产出分析模型

在客户关系管理系统的效果与效率评价过程中，服务生产力也是一个不容忽视的战略变量，它是衡量服务管理活动绩效的重要标准之一。服务生产力与客户参与的关系见图2-5。

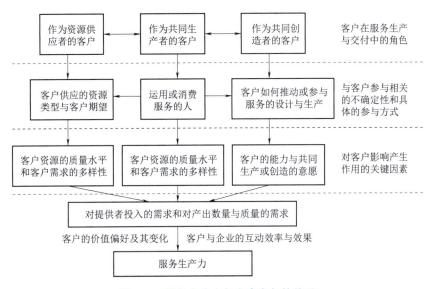

图2-5　服务生产力与客户参与的关系

知识拓展

顺丰的商业模式变迁

第一阶段是简单的加入模式。

第二阶段是外部混合模式。也就是说，营销区域分为几个"区域"，母公司对每个区域采用直销模式，而县、区两级的小网点仍然采用特许经营模式。

第三阶段是内部混合模式。即不再考虑地区与普通县的差异，所有营销区域均采用"直接加盟"的比例组合模式。

第四阶段是完全采用直营模式。

顺丰目前的治理架构见图2-6。

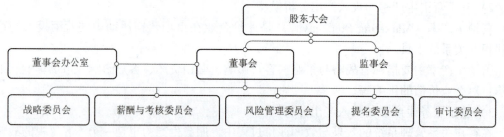

图2-6　顺丰目前的治理架构

素养园地

党的二十大报告指出，高质量发展是全面建设社会主义现代化国家的首要任务。发展是党执政兴国的第一要务。没有坚实的物质技术基础，就不可能全面建成社会主义现代化强国。必须完整、准确、全面贯彻新发展理念，坚持社会主义市场经济改革方向，坚持高水平对外开放，加快构建以国内大循环为主体、国内国际双循环相互促进的新发展格局。

我们要坚持以推动高质量发展为主题，把实施扩大内需战略同深化供给侧结构性改革有机结合起来，增强国内大循环内生动力和可靠性，提升国际循环质量和水平，加快建设现代化经济体系，着力提高全要素生产率，着力提升产业链供应链韧性和安全水平，着力推进城乡融合和区域协调发展，推动经济实现质的有效提升和量的合理增长。

企业在客户管理中应如何实现高质量发展？

一、管理软件的应用，可以促使客户关系管理能力得到提升

1. 建立数据库，对客户的基本状态信息进行完善，并结合外部环境的变化，修正和补充这些信息。通过数据库，企业可以分析消费者行为和心理，对目标市场进行确定，进行科学的销售管理工作。

2. 借助客户数据库分析客户。对客户信息进行定义和搜集，然后管理整合，并结合实际情况，对客户信息进行更新和修改，同时保证客户信息的安全。

3. 借助数据库开展营销活动。

二、客户关系管理理念更新，要充分重视客户的价值

1. 对每一个客户的价值充分了解，将长期的客户关系维持下去。借助客户关系管理系统，对客户的终身价值进行分析，提升客户服务水平。

2. 对业务流程进行优化，构建一支高效的营销团队。要将客户价值的维护和提升作为团队的核心理念，对客户价值进行把握，对企业和客户之间的关系进行构建，提升客户服务水平。

任务评价与分析

评价项目	指标说明	分值	互评分	教师评分
评价方法	科学、合理，符合实际	20		
评价流程	科学、严谨、全面	20		
评价指标	科学、合理，符合实际	40		
绩效管理模式	科学、合理，符合实际	20		
任务得分标准	—			
任务总得分	（互评40%+教评60%）			
任务总结				
反思和建议				

项目三　仓储布局设计与仿真

项目导学

物流智能新时代——京东"无人仓"

京东"无人仓"项目,实现了自动化时代到智能化时代的大跃迁,其智能化体现在传统工业和机器人将不再只是执行手臂,还将被赋予大脑智慧,使其具备自主判断和行为能力,从而完成复杂多变的仓储任务,为客户更快、更好地提供物流服务。下面将介绍京东仓库搬运机器人——天狼系统。

一、智能商品布局

《孙子兵法·势篇》中写道:"强弱,形也。"这里的"强"字是一个动词,是"使其强大"的意思。这句话的意思是,要让有限的军队变得坚不可摧,需要精心布置阵形、精心安排兵力。运用在仓储物流管理的生产中,要想用有限的库容和产能等资源达到最高的出库效率,需要精心安排商品的库存分布和产能调配。因此,库存分布问题变得尤为重要,我们以京东天狼系统在热销度、相关度、分散储存方面的应用为例,结合大数据分析等技术,布局一个最优库存仓库。

1. 热销度

应用大数据分析技术,预测商品近期的热销程度。对于热销商品(出库频次高的商品),应储存在距离出库工作台近的位置,可以降低出库搬运总成本,同时提升出库效率。

2. 相关度

目前,不同商品在库内储存区域的分布是独立的,是互不影响的。然而,针对海量历史订单进行数据分析,我们可以得出结论——两个商品同步下单的概率存在一定的耦合性。根据商品相关度的分析,设计商品之间的储存规则,将相关度高的商品储存于相同货架,达到优化拣货路径,减少机器人在不同货架间的搬运次数,从而节省仓储设备资源,提高机器人的搬运效率。京东通过机器学习算法和遗传算法等优化算法,计算得出最优商品组合,即哪些商品储存在一起,能使货架整体内聚度(货架上商品之间的相关度)最高。

3. 分散储存

应用运筹优化等技术,追求全仓库存分散程度最大化,即将相同或相似商品,在库区进行一定程度的分散储存,从而避免由于某区域暂时拥堵影响包含该商品的订单的出库,这样可以随时动态调度生产,实时均衡各区的生产热度。同时,库区生产还可以支持并行生产的无限平行扩展。

将以上原则制定为最优库存储存规则,一旦出现因素变化(如热销度变化、相关度变化)或货架上商品库存发生变化等,系统会自动调整库存分布图,并对出库、入库、在库作业生成相应的最优决策指导。机器人将自动执行相应搬运指令，将对的货架（库存）送至对的位置，完成库存分布的动态调整。

二、仓库动态分区

订单下传到库房后，如果没有合理的订单分区调度，可能会造成不同区域的订单热度不均问题，这个问题会导致两个现象。

第一，各区产能不均衡，导致部分区域产能暂时跟不上；第二，部分区域过于拥挤，导致部分区域出库混乱且效率较低。

为解决这个问题，我们应根据实时动态分析仓库订单分布，应用沃罗诺伊图（Voronoi-Diagram）分区技术，动态划分逻辑区，以达到各区产能均衡的目的，使设备资源利用率达到最大化，还能避免拥堵，进而提升仓库整体的出库效率。

三、资源匹配

当WMS从ERP接收客户订单时，运用生产调度运筹优化模型，建立仓内供需最优匹配关系，使全仓整体出库效率达到最大化。

四、搬运小车路径规划

当搬运小车接收到搬运指令时，要将货物快速准确地送达目的地，需要规划最优路径。那么，如何利用仓库最优先的道路资源，为全仓搬运小车规划合理的搬运路线呢？京东应用时空大数据等技术，协调规划全仓搬运小车的整体搬运路线，使全仓搬运小车有序进行，最大限度减少拥堵。

智能化是物流业发展的必然趋势，我们可以通过技术手段来解决更多的物流问题，达到降本增效的效果。在未来仓库中，人工智能与设备结合将取代大部分物流作业，机器的智能会超越人的智能，做出比人更"聪明"的决策，追求仓库效率与成本的最优化。而对于拥有海量包裹物流需求的未来，机器与智能在物流领域的应用与实践将会越来越广泛。

（资料来源：《物流技术与应用》杂志2017第5期）

张明经过一年时间在市场部的锻炼，对物流的客户有了清晰的认识，为了快速成长，他想接着轮岗锻炼。与师傅老李谈心后，老李说："你在物流行业已经工作一年半，也有当主管的潜力，可以去跟进一个新项目进一步成长。上个月老王带你们谈的A客户需要成立一个新仓库，仓库地址已经选好，你先从主管助理做起，帮助仓库成型吧。"

学习目标

知识目标

1. 掌握仓库常见的布局类型；
2. 掌握常见的仓储动线；

3. 了解仓储布局的常用方法；
4. 掌握常见的储位分类方法、定位方法；
5. 了解储位指派的常用方法。

技能目标

1. 熟悉仓库功能区域的划分；
2. 能够设计合理的动线与平面布局图；
3. 能够根据仓库实际情况，设计合理的动线；
4. 熟悉仓库功能区域的划分；
5. 能够对仓库储位进行合理分类；
6. 能够根据仓库情况，合理进行储位编号。

素养目标

1. 培养学生团队合作的能力，提高沟通意识和能力，提升总结能力；
2. 培养学生不断探索、精益求精的工匠精神；
3. 培养学生认真细心的工作态度、规划能力，以及规范操作意识；
4. 培养学生理实结合，发现问题、分析问题、解决问题的能力，同时锤炼专注力、执行力、行动力，达到知行合一的素养目标。

 典型岗位

物流仓储规划师

岗位职责

1. 依据公司的战略规划和业务需求量，参与新仓库开仓计划的制订。
2. 参与新仓库选址前期的市场调研、数据收集和分析，提供合理的选址建议。
3. 参与新仓库整体布局设计，根据实际情况完成合理的布局图纸、储位规划、场地规划、设备规划。
4. 通过仓库库容和订单量分值测算，监控库容并做出合理规划，为仓库设备投入和人员投入提供依据。
5. 负责对仓储运营数据进行定期的流量分析，为仓储规划提供数据标准化支持。
6. 根据公司战略规划和业务发展需求，进行数据测算并评估是否需要扩仓。
7. 负责仓库设计、改造和工程筹建项目的监管及问题协调工作，提升仓库的利用率。
8. 负责仓库设施、工具、包装耗材的选择并提出需求采购计划，实施跟进。
9. 建立各种物流成本、产能、效益等测算模型，同时推动模型的落地及完善。

任职要求

1. 物流相关专业，统招本科及以上学历。
2. 有仓储物流行业相关工作经验或行业背景、工作背景。
3. 熟练掌握 AutoCAD、SQL、Excel、Word、PowerPoint 等办公软件，熟悉仓库规划布局者优先。
4. 有一定的英语基础，英语 CET 4 级以上。

项目三 仓储布局设计与仿真

工作任务一　仓库布局设计

任务描述

张明凭借丰富的物流作业经验，竞聘为新仓库的一名仓库主管，仓库长 165 m，宽 84 m，地坪荷载为 2 t/m²，仓储储存的均为食品类的货物。假如你是张明，该如何对该仓库进行布局设计呢？

任务实操

1. 确定仓库的类型

假设你是张明，请组织团队讨论食品类货物应选择哪种仓库类型？

2. 确认固定设施

张明要根据目前的仓库情况，对该仓库需要规划设计的相关要素进行确认，请完善表 3-1。

表 3-1　固定设施确认表

项目	明细名称	规格	数量
仓库门			
柱跨度			
天花板净高			
地面负荷承重			
消防设施			
温度控制范围			
墙体窗口			

3. 确认固定区域

由于固定区域和规定设施一旦确认很难改变，所以需要提前合理设置固定区域的面积和位置，请在表 3-2 中填写固定区域。

表 3-2 固定区域确认

项目	面积	规格	位置
办公室			
员工休息室			
公共设施			
防火设施			
充电站			

4. 设计仓储动线

假设仓库的食品都是畅销食品，该选择哪种动线完成仓储布局呢？

5. 划分仓储库区

假设仓库将要储存的商品如表 3-3 所示，有整箱货物，也有零散货物，该如何划分库区呢？

表 3-3 入库商品信息

序号	产品编号	商品名称	包装规格（长×宽×高）/（mm×mm×mm）	质量/kg	入库数量/箱	包装标识限高/层	堆码方式
1	6901521103123	诚诚油炸花生仁	448×276×180	8	1 000	3	货架
2	6918010061360	脆香饼干	265×210×240	14.5	3 000	2	货架
3	6918163010887	黄桃水果罐头	498×333×180	7	900	3	地面
4	6920855052068	利鑫达板栗	345×285×180	6	3 000	3	货架
5	6920855784129	美年达汽水	500×300×1 200	50	4 800	4	地面

6. 确认平仓区的面积

根据上述商品的信息，黄桃水果罐头规格为 500 mm×300 mm×1 200 mm，每箱质量为 50 kg，共 4 800 箱，限高 4 层，地坪载荷为 2 t/m²，堆垛宽度限制为 5.0 m。请计算计划堆成的货垛的垛长、垛宽及垛高方向各为多少箱商品？垛型要求为重叠堆码的平台垛，请计算至少需要多大面积的储位。

提示：首先考虑需要堆高几层的问题，堆高主要受仓库限高、货物限高以及地坪载荷的影响。确定堆高后，再通过计算确认如何进行平面仓的摆放。

7. 仓储设施设备的选择

根据仓库的布局，应选用哪些设备才能完成物流作业的实施？

知识链接

1. 仓库类型的划分

按仓储对象对仓库类型进行划分，可分为普通物品仓库和特殊物品仓库。

①普通物品仓库：无特殊保管条件，如普通生产、生活用物资和用品的仓储。

②特殊物品仓库：需特殊保管条件，如危险品需要监控、调温、防爆、防毒、泄压等装置，并要在冷库仓储；粮食仓储则要求恒温。

3.1 仓储动线设计

2. 仓库常见动线

仓库常见动线有 U 型动线、I 型动线、L 型动线和 S 型动线四种。

1) U 型动线

U 型动线见图 3-1。

返品处理区	货架储存区	拆零区	流通加工区
		分货区	
		集货区	
入库暂存区		出库暂存区	
进货办公室	入库月台	出货办公室	出库月台

图 3-1　U 型动线

U型动线：在仓库的一侧有相邻的两个入库和出库月台。

U型动线的特点：最适合码头资源的运用；适合进行越库作业；使用同一通道供车辆出入；易于控制和安全防范；可以在建筑物三个方向进行空间扩张。

2）I型动线

I型动线见图3-2。

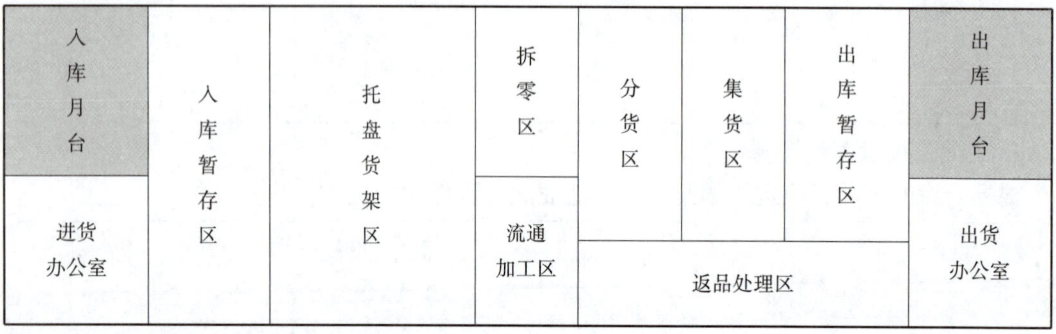

入库月台	入库暂存区	托盘货架区	拆零区	分货区	集货区	出库暂存区	出库月台
进货办公室			流通加工区	返品处理区			出货办公室

图3-2　I型动线

I型动线：出货和进货区域在仓库的不同方向。

I型动线的特点：可以应对进出货高峰同时发生的情况；常用于接收相邻加工厂的货物，或用不同类型的车辆来出货和进货。

3）L型动线

L型动线见图3-3。

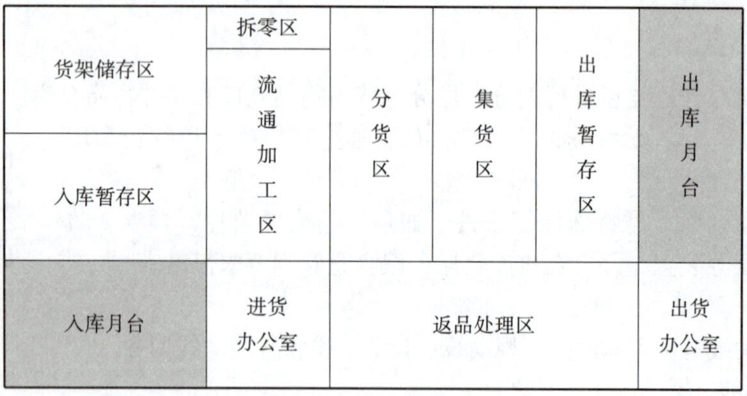

货架储存区	拆零区	分货区	集货区	出库暂存区	出库月台
入库暂存区	流通加工区				
入库月台	进货办公室	返品处理区			出货办公室

图3-3　L型动线

L型动线：需要处理快速货物的仓库通常采用L型动线，L型动线把货物出入库的路径缩至最短。

L型动线的特点：可以应对进出货高峰同时发生的情况；适合进行越库作业；可同时处理"快流"及"慢流"的货物。

4）S型动线

S型动线见图3-4。

项目三 仓储布局设计与仿真

入库月台	入库暂存区	货架储存区		集货区	出库暂存区	出库月台
进货办公室	返品处理区	拆零区	流通加工区	分货区		出货办公室

图 3-4 S 型动线

S 型动线：需要经过多个步骤处理的货品一般采用此种动线。

S 型动线的特点：可以满足多种流通加工等处理工序的需要，且可在宽度不足的仓库中作业；可与 I 型动线结合使用。

3. 仓库常用库区

仓库常用库区有收货区、验货区、重型货架、散货区、流通加工区、出库复核区、不合格区、电子标签拣选区、阁楼货架区、自动立体仓库区、设备存放区等。

4. 仓储常用的设备

①测量设备。用于测量货物的质量、尺寸、条码等信息的设备。

②装卸搬运设备。装卸设备主要有叉车、托盘、起重机、堆垛机等；搬运设备有自动导引车等；输送设备有自动传送带、辊筒线等；拣选设备有自动拣货车、自动物料识别机等。

③检验设备。

④通风、照明、保暖设备。

⑤养护设备。

⑥存储设备，如货架等。

⑦消防设备。

⑧物流信息录入设备，主要包括计算机以及相关的物流管理软件、条码打印机等。

3.2 仓储平面规划与布局

 知识拓展

仓库布局六大原则

1. 最大效益原则

要因地制宜，充分考虑地形、地质条件，满足商品运输和存放的要求，并能保证仓库得到充分利用。布置应与竖向布置相适应。竖向布置是指建立场地平面布局中每个因素，如库房、货场、转运线、道路、排水、供电、站台等，在地面标高线上的相互位置。总平面布置应能充分、合理地使用机械化设备。

2. 作业优化原则

作业优化原则是指提高作业的连续性，减少装卸次数，缩短搬运距离，减少搬运环节，使仓库完成一定的任务所发生的装卸搬运量最少，实现一次性作业。同时，要注意各作业场所和科室之间的业务联系和信息传递，要保证仓库安全。单一的物流流向要保持直线作业，避免迂回逆向作业；强调唯一的物流出口和唯一的物流入口，便于监控和管理。

3. 周转最快原则

这是以库存周转率为排序的原则。出入库频次高且出入量比较大的品种放在离物流出口最近的固定货位上。应注意，随着产品的生命周期、季节等因素的变化，库存周转率也会变化，货位也要重新排序。

4. 有效储存原则

保管条件不同的货物不能混存。如温度、湿度等保管条件不同的货物，不宜放在一起，因为在同一个保管空间内，同时满足两个或多个保管条件的成本是非常高的，在实际情况中很难满足。作业手段不同的货物不能混存。当同一保管空间内，物体的体积和质量悬殊时，将严重影响该区域作业配置的设备的利用率，同时增加了作业的复杂程度和作业难度。灭火方法不同的货物不能混存。灭火方法不同的货物放在一起不仅会增加安全隐患，还加剧了火灾控制和扑救的难度和危险性。

5. 通道占用最少原则

在物料搬运设备大小、类型、转弯半径的限制下，要尽量减少通道所占用的空间。要考虑物料的形状大小，根据实际仓库的条件，合理搭配空间。要避免空间不足多货位放货，也要避免空间太大使用不充分。

6. 最优空间利用原则

最大限度的利用平面和空间，尽量利用仓库的高度，也就是说，要有效地利用仓库的容积。仓库总平面布置是立体设计，应有利于商品的合理储存和仓库空间的充分利用。

素养园地

党的二十大报告指出，中国式现代化的本质要求是：坚持中国共产党领导，坚持中国特色社会主义，实现高质量发展，发展全过程人民民主，丰富人民精神世界，实现全体人民共同富裕，促进人与自然和谐共生，推动构建人类命运共同体，创造人类文明新形态。高质量发展是全面建设社会主义现代化国家的首要任务。发展是党执政兴国的第一要务。没有坚实的物质基础，就不可能全面建成社会主义现代化强国。要追求物流行业的高质量发展，一方面需要提高物流效率，另一方面需要提高服务质量。智慧物流设施设备、物流信息技术的提升可以极大地提高物流效率。同时，合理的规划能够最大限度利用资源、提高管理效率，促进物流行业的高质量发展。

任务评价与分析

评价项目	指标说明	分值	自评分	教师评分
仓库类型的选择	选择冷藏库或其他，有合理说明	20		
仓库动线选择	选择其中一种，有合理解释	20		
库区划分	有库区划分，标注出入库月台	20		
库存面积的计算	计算正确，过程合理	20		
仓储设备的选择	选择储存设备	10		
	选择搬运设备	5		
	选择其他设备	5		
任务得分	—			
任务总得分	（自评40%+教评60%）			
任务总结				
反思和建议				

工作任务二 仓储布局图绘制

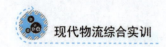

任务描述

张明和同事已经完成了仓库动线的设计以及仓库各区域的规划，具体信息如表3-4所示，目前的仓库布局见图3-5，现需要对其进行整体规划，并画出仓库平面布局图。如果你是张明，你将如何进行规划？

表 3-4　区域划分明细表

序号	区域	规格（长×宽）/(m×m)	备注
1	退收货暂存区	65×10	
2	出库暂存区	70×10	
3	退货暂存区	13×8	
4	入库暂存区	33×8	
5	地堆区	1 160 m²	根据仓库布局可以分为两个区域
6	重型货架区	1 986 m²	根据仓库布局可以分为两个区域
7	流利式货架区	1 864 m²	
8	打包区		根据其他区域合理规划
9	设备存放区		根据其他区域合理规划
10	耗材区		根据其他区域合理规划
11	集货区		根据其他区域合理规划

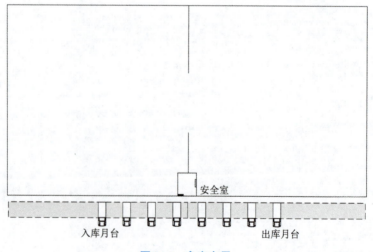

图 3-5　仓库布局

任务实操

1. 选择制图软件

为了更好地展示仓库规划的结果,请选择合适的软件进行平面图绘制,并说明理由。

2. 绘制仓库平面区域

选择利用 Visio 软件进行仓库平面图绘制,步骤如下。

①各区域绘制:利用"空间"表示各个区域,具体操作步骤为"地图和平面布局图"→"建筑设计图"→"墙壁、外壳和结构"→"空间"。

②空间大小:选中"空间",视图左下角会出现其尺寸,单击"尺寸信息",弹出"大小与位置"对话框,通过修改宽度、高度数据确定各区域的尺寸。

③尺寸标注:利用"水平""垂直"标注进行尺寸的度量,具体路径为"尺寸度量"→"工具"→"水平、垂直"。通过"水平""垂直"标注可以对墙距、货架距离、通道宽度等尺寸进行标注。将"水平""垂直"标注与空间连接,可以通过调节空间的位置,调整各种距离。

尺寸标注:利用"控制器尺寸"进行尺寸的控制,具体路径为"墙壁和门窗"→"控制器尺寸"。通过"控制器尺寸"可以对墙距、货架距离、通道宽度等尺寸进行标注。将"控制器尺寸"与空间连接,可以通过调节空间的位置,调整各种距离。

3. 设备表示

各个区域已经绘制完成,请选用合适的图标表示设施设备,将选择的图标写在下方。

知识链接

1. 常用制图软件

1）CAD 制图软件

CAD 制图软件是计算机辅助设计（Computer Aided Design，CAD）领域最流行的软件包。CAD 诞生于 20 世纪 60 年代，是美国麻省理工学院提出的交互式图形学的研究计划。此软件功能强大、使用方便、价格合理，在国内外广泛应用于土木建筑、装饰装潢、城市规划、园林设计、电子电路、机械设计、服装鞋帽、航空航天、轻工化工等诸多领域。CAD 制图软件有强大的图形编辑功能，可以进行多种图形格式的转换，具有较强的数据交换能力，支持多种硬件设备、操作平台，具有通用性、易用性等特点，但是它需要使用者具备一定的操作基础。

3.3 仓储布局图绘制

2）Visio

Microsoft Visio 是 Windows 操作系统下运行的流程图和矢量制图软件，是微软公司出品的一款软件。它有助于 IT 和商务专业人员轻松地可视化、分析和交流复杂信息，能够将难以理解的复杂文本和表格转换为一目了然的 Visio 图表，也可用于流程图、平面图的设计与绘制。该软件的主要特点是使用方便，对使用者没有特殊要求。

3）SmartDraw

SmartDraw 是由 SmartDraw Software LLC 开发的专业的图表制作软件。它可以轻松制作组织机构图、流程图、地图、房间布局图、数学公式、统计表、化学分析图表、解剖图表、界面原型等。该软件的主要特点是使用方便，对使用者没有特殊要求。

2. 设备表示

1）存储设备的表示

利用标准支架表示各种货架，具体操作步骤为"房间和平面布置图"→"建筑设计图"→"车间平面图：存储和分配"→"标准支架"。

2）搬运设备的表示

①利用机动车表示堆高机、叉车、地牛等设备，具体操作步骤为"房间和平面布置图"→"建筑设计图"→"车间平面图：存储和分配"→"电动铲车、提货机等"。

②利用标准拖板表示托盘，具体操作步骤为"房间和平面布置图"→"建筑设计图"→"车间平面图：存储和分配"→"标准拖板"。

③利用轨道传送带表示输送机，具体操作步骤为"房间和平面布置图"→"建筑设计图"→"车间平面图：储存和分配"→"轨道传送带"。

知识拓展

仓库平面图案例

常见的仓库平面图见图 3-6。

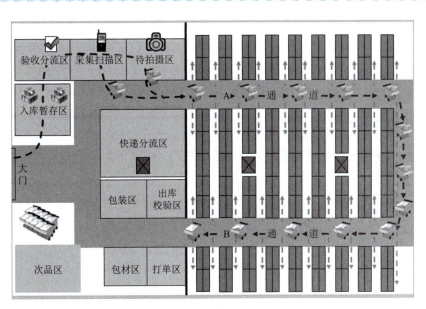

图 3-6 常见的仓库平面图

任务评价与分析

评价项目	指标说明	分值	自评分	教师评分
软件的选择	选择合适软件,理由合理	10		
仓库平面区域绘制	包含常用的收货区、入库月台、出库月台等,并标注名称	20		
储存设备的表示	采用图标合理,大小合适	20		
搬运设备的表示	叉车	20		
	托盘	10		
	输送机	10		
平面图大小比例	各区域大小比例合适,设备图标大小合适	10		
任务得分	—			
任务总得分	(自评 40%+教评 60%)			
任务总结				
反思和建议				

工作任务三 仓储作业流程与储位设计

任务描述

张明和同事已经完成了仓库的布局设计,各种类型的货架已经安装完成。为了方便后续的管理,需要对库位进行编码与管理。假如你是张明,根据该仓库储存货物的类型,你将如何进行储位规划?

任务实操

1. 绘制出入库流程图

请根据货物入库、出库的过程,绘制出入库流程图。

2. 填写出入库流程表

根据货物入库、出库流程,填写相关责任人及其工作内容,完成表3-5。

表3-5 出入库流程表

序号	流程	责任人	表单	作业内容
1				
2				
3				
4				
5				
6				
7				
8				
9				
10				

3. 确定仓库储位的分类

请根据储存货物的特点进行储位分类。

4. 储位编号

储位已经划分完毕,需要对储位进行编号,请画出储位的编号示意图。

5. 确定商品储位的定位

仓库储存的都是食品,应该选择哪种方式进行储位定位呢?

6. 指派商品储位

这批商品数量较大,既有整箱货物,也有零散货物,请选择合适的方法进行储位指派。

知识链接

1. 流程图图标

流程图有通用的图标，常用图标见图3-7。

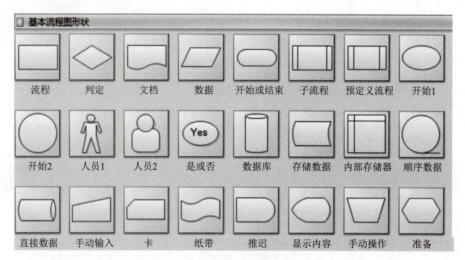

图 3-7 常用流程图图标

2. 储位分类

1) 储位分类的原则

储位分类遵循"四一致原则"，即性能一致、养护措施一致、作业手段一致、消防方法一致。

2) 储位分类的方法

①根据种类和性质划分。

②根据仓储的条件及物资的性质划分。

③根据仓储作业的特点划分。

④根据发货地（货主）划分。

⑤根据危险性质划分。

3. 储位编号及其方法

1) 储位编号

储位编号指将库房、料棚、货场、货架、货垛按地点、位置顺序统一编列号码。

2) 储位编号的方法

①区段式编号。区段式编号是指把保管区分成几个区段，再对每个区段编码（见图3-8）。这种方法以区段为单位，每个号码代表的储存区比较大，适用于单位化货品、大量货品，且保管期短的货品，区域大小根据物流量大小而定。

3.4 储位管理

A1	A2	A3	A4
叉车巷道 ←——→			
B1	B2	B3	B4

图 3-8　区段式编号

②品项群式编号。品项群式编号是指把一些相关性货品经过集合后，区分成几个品项群，再对每个品项群进行编码（见图 3-9）。这种方法适用于按照商品群保管的场合和品牌差距大的货品，如服饰群、五金群、食品群等。

食品 1 区	食品 2 区	食品 3 区	食品 4 区
叉车巷道 ←——→			
非食品 1 区	非食品 2 区	非食品 3 区	非食品 4 区

图 3-9　品项群式编号

③地址式编号。地址式编号是指利用保管区中的现成参考单位，如栋、区段、排、行、层、格等，按相关顺序编码，如同传统的邮寄信件需要地址的区、胡同号一样。这是物流配送中心比较普及的编号方法，常采用"四号定位"，例如某货物的货位编号为 2-7-3-14，即该货物存放在 2 号库 7 号货架第 3 层第 14 货位上。

4. 商品储位定位

1）定位储存

定位储存是指每一项商品都有固定的储位，商品在储存时不可互相窜位。在采用这一储存方法时，必须注意每一项货物的储位容量必须大于其可能的最大在库量。

定位储存适用情况：不同物理、化学性质的货物须控制不同的保管储存条件，或防止不同性质的货物互相影响；重要物品须重点保管；多品种少批量货物储存。

定位储存特点：易于对在库商品进行管理，可以提高作业效率，减少搬运次数；需要较大的储存空间。

2）随机储存

随机储存是根据库存货物及储位使用情况，随机安排和使用储位，各种商品的储位是随机产生的。模拟实验显示，随机储存系统与定位储存相比，可以节约 35%的移动库存时间，并增加 30%的储存空间。

随机储存适用情况：储存空间有限以及商品品种少但体积较大的情况。

随机储存特点：由于共同使用储位，可以提高储区空间的利用率；增加了货物出入库管理及盘点工作的难度；周转率高的货物可能被储存在离出入口较远的位置，会增加出入库搬运的工作量；有些可能发生物理、化学影响的货物相邻存放，会造成货物的损坏或发生危险。

3）分类储存

分类储存是指所有货物按一定特性加以分类，每一类货物固定其储存位置，同类货物不同品种又按一定的法则来安排储位。

分类储存分类方式：商品相关性大小，商品相关性是指商品的配套性或由同一客户所订购等；商品周转率高低；商品体积、质量；商品特性，商品特性通常指商品的物理或化学、力学性能。

分类储存适用情况：商品相关性大，进出货比较集中；货物周转率差别大；商品体积相差大。

分类储存特点：便于按周转率高低来安排存取，具有定位储存的各项优点；分类后，各储存区域再根据货物的特性选择储存方式，有助于货物的储存管理；由于储位必须按各类货物的最大在库量设计，因此储区空间的平均使用率低于随机储存。

4）分类随机储存

分类随机储存是指每一类商品有固定的存放储区，但各储区内，每个储位的指定是随机的。

分类随机储存特点：具有分类储存的部分优点，又可节省储位数量，提高了储区利用率；货物出入库管理特别是盘点工作较困难。

5）共同储存

共同储存是指在确定各货物进出仓库时间的前提下，不同货物共用相同的储位。这种储存方式在管理上较复杂，但储存空间及搬运时间更经济。

5. 储位指派

1）人工指派

人工指派是指全凭指派者的头脑进行分配。仓储人员必须按指派者的决定（书面形式）把货物存放在指定的储位上，并将货物的上架情况记录在储位表单上。

这种方法要求指派者熟记储位指派原则，并能灵活应用。仓储人员每完成一个储位指派内容后，必须把这个储位内容记录在表单中。此外，因补货或拣货从储位中移除货物后，也应登记消除，保证账物一致。

2）计算机指派

计算机指派是利用图形监控储位管理系统和各种现代化信息技术，如条形码自动阅读机、无线电通信设备、网络技术、计算机系统等，收集储位有关信息，通过计算机分析后直接完成储位指派工作。

3）计算机辅助指派

这种方法首先利用图形监控系统，收集储位信息，并显示储位的使用情况，再把相关数据作为人工指派储位的依据进行储位指派作业。采用此法需要计算机、扫描仪等硬件设备及储位管理软件系统的支持。

知识拓展

绘制流程图的关键点

1. 绘制流程图要有时序性，应遵循从左到右、从上到下的顺序，一幅完整的流程图，必须包含唯一一个"开始"和"结束"。

2. 以菱形为判断符号，必须要有"是和否（或 Y 和 N）"两种处理结果，判断符号的上下端流入流出一般用"是"，左右端流入流出用"否"。

3. 流程箭头不能回调，所有执行不得回退前一步骤。如果有需要，可以添加适当判断，然后重新调用某一步骤。

4. 同一流程图内，符号的大小要保持一致，连接线不能交叉，也不能无故弯曲。

5. 处理流程必须以单一入口和单一出口绘制，同一路径的指示箭头应只有一个。

6. 流程图可以很长，也可以有多个异常处理，但整体流程必须是从上而下的、清晰的。如果逻辑功能比较繁多，必要时可以分别绘制整体的功能设计流程图和执行流程图（子功能）。

任务评价与分析

评价项目	指标说明	分值	小组互评	教师评分
流程图规范性	元素选择正确、合适	20		
	有时序性，遵循从左到右、从上到下的顺序	15		
	"开始"和"结束"唯一	10		
	连接线不交叉，不无故弯曲	15		
	判断选择处理正确，有两种处理结果	20		
流程图美观性	元素大小合理、整体对齐、距离适当	10		
小组汇报展示	汇报语言流畅，自信大方，有适当说明	10		
任务得分	—			
任务总得分	（互评40%+教评60%）			
任务总结				
反思和建议				

工作任务四　仓库布局仿真模型构建

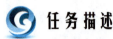

张明和同事已经完成了仓库的布局设计与平面图绘制，为了测试该布局是否能够满足仓储需求，现要对仓库进行仿真模型构建，仓库平面的数据如表3-6所示，请描述仿真模型的构建过程。

表3-6　仓库平面的数据

序号	区域	图纸规格（长×宽）/(mm×mm)	软件设备规格（长×宽）/(mm×mm)
1	退收货暂存区	65 000×10 000	325 000×5 000
2	出库暂存区	70 000×10 000	35 000×5 000
3	退货暂存区	13 000×8 000	6 250×4 000
4	收货暂存区	33 000×8 000	16 500×4 000
5	地堆区1	25 500×21 000	12 750×10 500
5	地堆区2	25 500×25 000	12 750×12 500
6	重型货架区1	43 000×21 000	21 500×10 500
6	重型货架区2	43 000×25 000	21 500×12 500
7	流利式货架区	71 500×24 500	35 750×12 250
8	打包区	71 500×34 500	35 750×17 250
9	设备存放区	13 000×8 000	6 500×4 000
10	耗材区	6 000×9 500	3 000×4 750
11	集货区	11 600×5 500	5 800×2 750

1. 背景图引入

在乐龙（RaLC）仿真软件"环境"中选择背景图片，并将比例设置为0.5，即可引入仓库平面图。

2. 设施设备放置

按照任务描述进行仓库构建，用到的设备包括 XML 计划管理器、入库货品生成器（卡车入库）、作业管理器、直线传送带、货架等，具体步骤如下。

①单击设备栏的"XML 计划管理器"，在主界面单击鼠标将其表示出来。该设备可以读取所有的 XML 文件，并进行任务的分配。

②单击菜单栏的"作业管理器"关联设备中的"入库货品生成器（卡车入库）"，使其表示出来。

注：这里不能使用设备栏的"部件生成器"，设备栏的部件生成器只能根据自己的属性

3.5　仓库布局仿真模型构建

生成一种产品，无法读取外部的数据文件。而"作业管理器"关联设备中的"入库货品生成器（卡车入库）"可以根据数据文件生成不同种类、形状、颜色的产品。

③单击设备栏的"直线传送带"，使直线传送带表示出来。在"直线传送带"弹出的菜单中的"180度旋转"一项中，选择将其设置在"入库货品生成器（卡车入库）"的右侧。双击"入库货品生成器（卡车入库）"会有红线表示出来，用此红线连接"直线传送带"。

④单击菜单栏"作业管理器"关联设备中的"暂存区"，使暂存区表示出来。

⑤单击设备栏的"托盘供给器"，使托盘供给器表示出来。将"托盘供给器"放置在"暂存区"的附近。

⑥单击设备栏中的"货架区2"，使货架区表示出来。在"货架区2"的位置单击鼠标右键，单击选择弹出菜单中的"添加货架"，增加货架。

⑦单击设备栏中的"初始库存设定管理器"，把初始库存设定管理器放置在货架区旁区。

3. 设备连接

设备的连接原则：按照货物流通的顺序连接设备。

①选中"XML计划管理器"，单击鼠标右键，在弹出菜单中选择"与计划对象设备相连"，出现红线，连接到"入库货品生成器（卡车入库）"；再双击"入库货品生成器（卡车入库）"，出现红线，连接到"直线传送带"。

②作业管理器（进货）的连接方法。

选中"直线传送带"，单击鼠标右键，在弹出菜单中选择"与作业管理器（物品到达时）相连"一项，使其连接上负责将货物搬送到暂存区的"作业管理器"。

注：这里无法使用"与下一个设备连接"属性，该属性的使用是指两者之间存在货物流通关系，而在这里货物不是从直线传送带流向作业管理器再流向暂存区，与作业管理器之间是逻辑关系。"与作业管理器（物品到达时）相连"表示与该作业管理器连接的直线传送带只要接收到货物就会发出指令；"与作业管理器（检查满载时）相连"表示与该作业管理器连接的直线传送带，当货物满了之后一次性发送所有指令。作业员和叉车不参与模型的连接，只有控制它们的作业管理器参与连接。

然后，单击"XML作业管理器"的弹出菜单中的"与目标设备1相连"，使其与暂存区连接。

③作业管理器（提供托盘）的连接方法。

选中"暂存区"，单击鼠标右键，在弹出菜单中选择"补充要求"一项，使其与负责提供托盘的"作业管理器"连接。

选中负责提供托盘的"作业管理器"，单击鼠标右键，在弹出菜单中选择"与目标设备1相连"，使其与"托盘供给器"连接。

注：暂存区的连接属性中，"与作业管理器相连""补充要求"这两项使用最多，向暂存区提供东西时选择"补充要求"，从暂存区往外拿东西时选择"与作业管理器相连"。

④作业管理器（托盘入库）的连接方法。

选中"暂存区"，单击鼠标右键，在弹出菜单中选择"与作业管理器相连"一项，使其与负责向库存的货架搬运货物的"作业管理器"连接。

然后，选中负责向库存的货架搬运货物的"作业管理器"，单击鼠标右键，在弹出菜单中选择"与目标设备1相连"一项，使其与"初始库存设定管理器"连接。

⑤选中"初始库存设定管理器",单击鼠标右键,在弹出菜单中选择"与仓库相连",使其与"货架2"相连。

4. 指令文件制作与读取

①作业管理器(进货)制作。本作业管理器负责将货品搬送到暂存区的托盘上,控制着属下的一个作业员(见图3-10)。

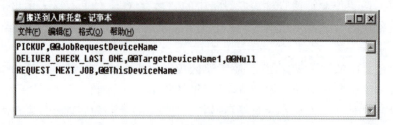

图3-10　搬送到入库托盘的指令文件

②返回文件制作。所有作业管理器的返回文件都是一样的,其目的是复位作业员(见图3-11)。

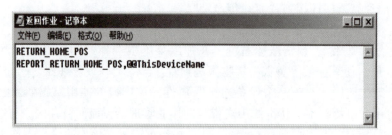

图3-11　返回文件的指令文件

③读取指令文件。打开负责进货的"作业管理器"的"属性"窗口,单击"概要"中的"作业文件1",则打开对话框会表示出来,将事先做好的文件读入(搬送到入库托盘.dat)。然后,单击"概要"里的"作业文件3",读入事先做好的文件(返回作业.dat)。

注:所有的"作业文件3"都选择同一个返回作业即可,该文件表示没有作业时要执行的命令;"作业文件1"表示有工作时要执行的命令;"作业文件4"一般用不到,是预留的文件。

④作业管理器(提供托盘)制作。本作业管理器负责向暂存区补充空托盘,因为没有给该作业管理器添加操作员或叉车,所以此项任务通过请求协助的方式请求负责托盘入库的作业管理器来完成(见图3-12)。

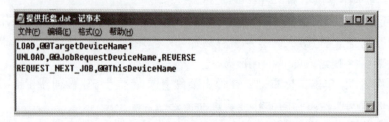

图3-12　提供托盘的指令文件

⑤作业管理器（托盘入库）。本作业管理器负责将装满的托盘送到托盘对应的货架上，单击右键，给该作业管理器添加一个叉车完成此任务，同时叉车还要完成提供托盘的任务（见图3–13）。

图3–13　托盘入库的指令文件

到这里已经完成了整个模型的入库部分，接下来用同样的方法制作出库部分。

知识链接

1. 作业管理器

在现实中，作业员常常需要根据实际情况来调整自己的动作来提高工作效率。作业管理器是 RaLC 仿真软件特有的虚拟设备模块，可以通过在作业管理器中读入用户书写的指令文件，实现对物流中心作业员的控制。

作业管理器相当于作业员的"大脑"，"大脑"发出作业指令，使与作业管理器相关的设备和作业员按照指令文件中所写的动作进行工作，从而有效调度设备和作业员。作业管理器具备编辑作业人员的作业内容、控制设备复杂逻辑等强大功能，从而全面掌握物流仓储配送中心进货、入库、分类、拣选、加工、出库、运输等所有与货物处理相关的设备和人员的详细作业流程。

作业指令是一种计算机标记语言，是按照预定的作业逻辑，由完成不同功能的各类指令以连续、嵌套的形式有机组合而成。多个作业指令文件可以使作业管理器的关联设备和人员完成一系列有规则的作业动作。常用的作业指令共有 200 种以上，几乎涵盖了现代物流仓储配送中心作业员各个作业流程的所有工作内容，作业员可以根据不同的场合、条件和需求加以运用。

指令文件包括逻辑指令、作业指令和内存指令。其中，作业指令主要包括移动（Moving）、放货（Unload）、拿取（Load）、设置（Set）、信息获取（Get）、检查（Check）、包装（Packing）、分拣（Select）、设备控制（Control）等指令。

2. 指令文件解释

1）作业管理器（进货）

搬送到入库托盘的指令文件如图3–14所示。

（1）搬送到入库托盘.dat

①"PICKUP"表示从发出工作请求的设备（进货线上的直线传送带）上拿取货物。

参数"@@JobRequestDeviceName"表示发出工作请求的设备名称，也可以直接写成直线传送带的设备名称，但由于设备名称可能会修改或者作业管理器可能会同时连接多个对象，所以最好直接用@@JobRequestDeviceName作为设备名称，这样即使后续修改设备名称

图 3-14 搬送到入库托盘的指令文件

或者设备不唯一,也不会影响其运行。

② "DELIVER_CHECK_LAST_ONE" 表示把货物在暂存区的托盘上装载,装满为止。

参数 "@@TargetDeviceName1" 表示 "与目标设备 1 相连" 连接的设备名称(现在是暂存区)。如果连接采用的不是 "与目标设备 1 相连",而是 "与目标设备 3 相连",那么此处应该改为 "@@TargetDeviceName3",用哪个属性连接,就是设备几。

参数 "@@NULL" 表示系统变量 NULL,为空。

③ "REQUEST_NEXT_JOB" 表示向自己的作业管理器请求下一个任务。

参数 "@@ThisDeviceName" 表示本作业管理器的名称。

(2) 返回作业 .dat

返回作业的指令文件如图 3-15 所示。

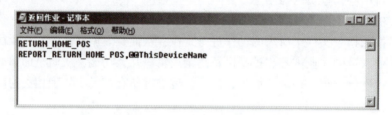

图 3-15 返回作业的指令文件

① "RETURN_HOME_POS" 表示回到设定好的原始位置上。

② "REPORT_ RETURN_HOME_POS" 表示向自己的作业管理器汇报已经回到原始位置(没有任务)。

参数 "@@ThisDeviceName" 表示本作业管理器的名称。

2)作业管理器(提供托盘)

提供托盘的指令文件如图 3-16 所示。

图 3-16 提供托盘的指令文件

①"LOAD"表示从目标设备1（托盘供给器）上拿取托盘。"LOAD"和"PICKUP"执行的是一样的动作，一般人搬运时用手处于中间位置用"PICKUP"，叉车的货叉子在下方用"LOAD"，当人用"LOAD"时，产品显示在脚上。

参数"＠＠TargetDeviceName1"表示用作业管理器的"与目标设备1相连"连接起来的设备名称。

②"UNLOAD"表示将托盘送到发出工作请求的设备（暂存区）上。

参数"＠＠JobRequestDeviceName"表示发出工作请求的设备名称。

参数"REVERSE"表示从反方向放置托盘。

③"REQUEST_NEXT_JOB"表示向自己的作业管理器请求下一个任务。

参数"＠＠ThisDeviceName"表示本作业管理器的名称。

3）作业管理器（托盘入库）

托盘入库的指令文件如图3-17所示。

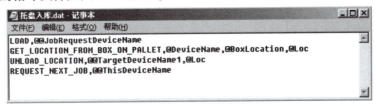

图3-17 托盘入库的指令文件

①"LOAD"表示从发出工作请求的设备上（暂存区）拿取货物。

参数"＠＠JobRequestDeviceName"表示向作业管理器发出工作请求的设备名。

②"GET_LOCATION_FROM_BOX_ON_PALLET"表示从托盘上的货物中读取位置的信息（格式：00-00-00-00→区域-列-格-层）。

参数"＠DeviceName"表示得到的位置信息中开始部分的前2位数（区域）；"＠BoxLocation"表示得到的位置信息中的后6位数部分（列-格-层）；"＠Loc"表示得到的位置信息中的8位数（区域-列-格-层）。

③"UNLOAD_LOCATION"表示把货物搬送到目标设备1（在此例中为初始库存设定器）管辖下的货位。

参数"＠＠TargetDeviceName1"表示用作业管理器的"与目标设备1相连"连接起来的设备名称；"＠Loc"表示在GET_LOCATION_FROM_BOX_ON_PALLET指令中提取的位置信息（格式：00-00-00-00）。

④"REQUEST_NEXT_JOB"表示向自己的作业管理器请求下一个任务。

参数"＠＠ThisDeviceName"表示本作业管理器的名称。

 知识拓展

指令的一般格式及名词解释

指令的一般格式有四种。

1. 指令名，变量

指令名表示指令固有的动作。变量包括系统变量、用户变量、参数等，用于对指令固有的动作加以限制。另外，对变量、名称的增减和真假进行判断。

2. 指令名，设备名，辅助指令1，辅助指令2……

使指令固有的动作作用在设备名所指定的设备或子设备上，此时，辅助指令、辅助指令变量会修饰此行动。在辅助指令序列中，有些指令可以被省略。

3. 指令名，辅助指令1，辅助指令2……

以辅助指令1、辅助指令2……限制指令固有的动作。另外，在指令固有动作的基础上加以相应的扩展。

4. 注释行

由注释符（//）开始的一行字符串，起对某条指令或对指令文件进行文字说明的作用。在执行指令文件的过程中，注释行只起注释说明的作用，不会被执行。

指令常见的名词解释如下。

指令名：由具有一定意义的英文单词组成，可以体现本条指令的含义和作用。

变量：可以分为系统变量和用户自定义变量两种。系统变量指软件本身可以自动定义、赋值、引用的变量；用户自定义变量则是用户在需要时，通过自己定义后，可以赋值、引用的存储单位。

设备名：模型中的某个设备或子设备的名称。

辅助指令：辅助指令可以适当地修饰主指令，使指令可以实现进一步的详细动作。

注释符：在指令输入的过程中，有时需要对指令的意义、作用等进行适当的注释，可以另起一行，以//开头输入注释语句。

分隔符：即用于分隔指令名、辅助指令、设备名和变量的符号。请使用半角的逗号","。在指令文件的书写过程中，分隔号前后的半角空格被自动忽略。

备注：指令文件中的所有符号都是半角符号。

素养园地

系统仿真（System Simulation）就是根据系统分析的目的，在分析系统各要素性质及其相互关系的基础上，建立能描述系统结构或行为过程的，且具有一定逻辑关系或数量关系的仿真模型，据此进行试验或定量分析，以获得正确决策所需的各种信息。物流系统仿真是针对物流系统进行系统建模，在电子计算机上编制相应的应用程序，模拟实际物流系统运行状况，并统计和分析模拟结果，用以指导实际物流系统的规划设计与运作管理。在系统仿真的过程中，要不断对各种设备、参数进行调整，并根据系统分析结果进行优化，以提高效率，在进行调整与优化的过程中，培养学生精益求精的工匠精神。

任务评价与分析

评价项目	指标说明	分值	小组互评	教师评分
设备选择	货物到货表示正确	20		
	出入库月台表示正确	10		
	重型货架区表示正确	10		
	电子标签区表示正确	10		
	出库分拣线表示正确	10		
	作业员、叉车表示正确	20		
背景图纸	根据图纸进行布局	10		
小组汇报展示	汇报语言流畅，自信大方，有适当说明	10		
任务得分	—			
任务总得分	（互评40%+教评60%）			
任务总结				
反思和建议				

工作任务五　仿真模型数据文件制作

任务描述

仿真模型已经构建好了，我们需要对商品进行入库、出库，这就需要数据文件来驱动，本任务中，我们将一起进行数据文件的制作。

任务实操

1. 认识数据文件

现在有一批货物要入库，为了确定货物存放的位置，需要哪些商品信息呢？请将需要的信息写在下面。

2. 编辑商品信息文件

请将商品信息填入表 3-7 中。

表 3-7　商品信息表

name	style	length	width	height	count	picktime	checktime	penaltytime	red	green	blue

3. 数据文件的转化

1）CSV 文件的获取

使用 Microsoft Office 软件（2003 版）打开"XML 交换工具"，在初始操作界面的左上角有"CSV文件的取得"按钮,这一功能用于读入作业指示文件(见图3-18)。

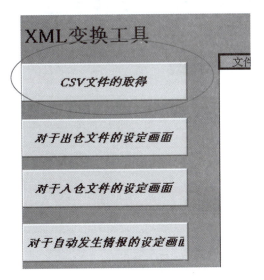

图3-18　CSV文件的获取1

选择显示的CSV文件种类,确定按"OK"键(见图3-19)。

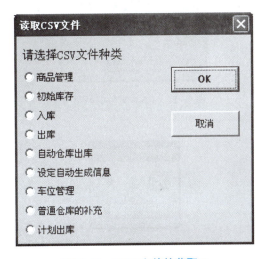

图3-19　CSV文件的获取2

依次选择商品管理、初始库存、入库、出库类型,在打开对话框中选择已做好的CSV文件(见图3-20)。

如果CSV文件完备,则显示以下信息栏(见图3-21)。

如果CSV文件不完备,则会出现以下错误提示。例如:在入库指示文件中,To项是指进行第2次的设置(见图3-22)。

当选择初始库存并读入相应文件后,会显示一个对话框,要求输入初始库存管理器名称,初始库存管理器即指模型建立过程中用于管理货架区域的设备(见图3-23)。

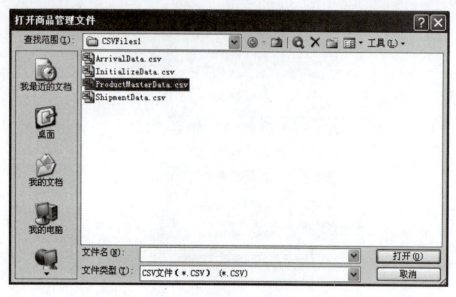

图 3-20　CSV 文件的获取 3

图 3-21　CSV 文件的获取 4

图 3-22　CSV 文件的获取 5

图 3-23　CSV 文件的获取 6

打开初始库存管理器的"属性"对话框,将其名称复制到对话框中,点击"OK"。

2)设定入库、出库任务对应的设备信息

文件读入完成后,接下来对出库文件和入库文件进行相应的设置,步骤如下。

首先,在主界面上点击"换到出库文件的设定画面"一项,切换到出库文件的设定画面(见图3-24)。

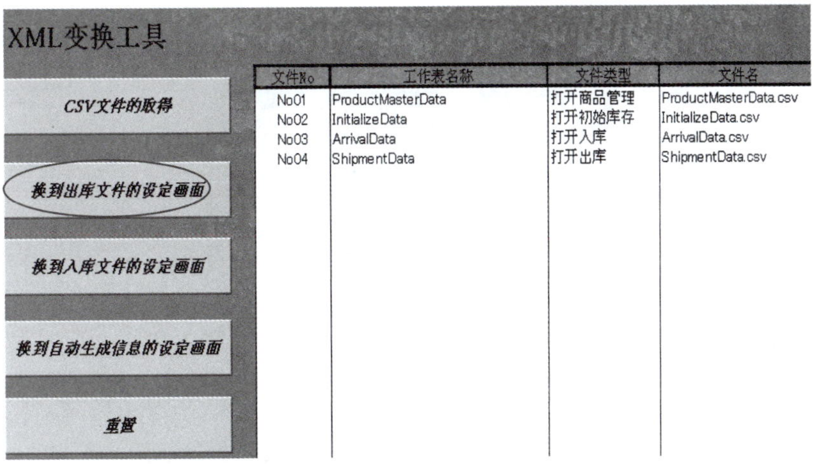

图 3-24 出库文件设定 1

出现以下设定画面(见图3-25)。

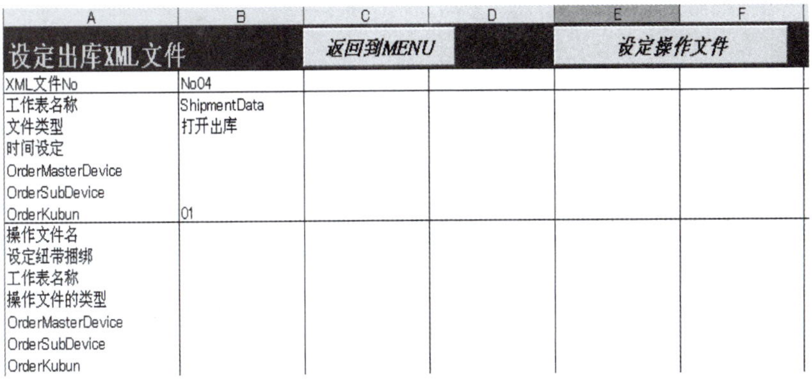

图 3-25 出库文件设定 2

填写必需的"时间设定""OrderMasterDevice""OrderSubDevice"三项。

时间设定:开始进行出库操作的时间。正确的输入格式为 YYYY/MM/DD hh:mm:ss。

OrderMasterDevice:填写 XML 计划管理器的名称。

OrderSubDevice:填写直接引用出库指示文件的设备名。本实验中为负责从货架上拣选货物出库的任务管理器。

入库文件和自动生成信息(本实验不必填写此项)的设定方法与出库文件相同。填完后,点击"返回到 MENU",返回主界面。

3）转换为 XML

①若读取 CSV 数据，设定结束后，填写主界面左下角的"模拟的开始时间"，格式为 YYYY/MM/DD hh：mm：ss，表示模型开始运行的模拟时间。注意：出/入库文件设定画面中填写的时间应当晚于模拟的开始时间，否则将丢失出/入库文件中的部分数据。

②接着可以将文件输出为 XML 格式。单击主界面左侧的"输出为 XML"按钮即可。

只要任何一项设定的项目是空白的，就会出现确认"检查设定项目"的信息框，单击"是"之后继续执行（见图 3-26）。

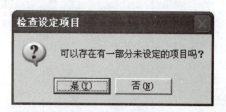

图 3-26　出库文件设定 3

③指定以 XML 文件保存的文件名和文件目录（见图 3-27）。

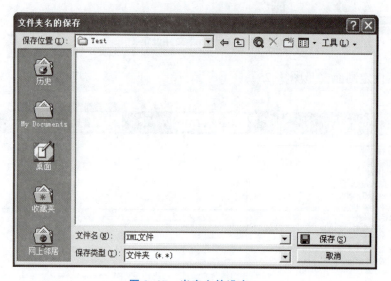

图 3-27　出库文件设定 4

"制作模拟管理文件"时，选择"是"（见图 3-28）。

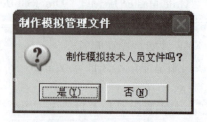

图 3-28　出库文件设定 5

④输入模拟开始时间以及估计时间间隔(见图 3-29)。注意:一定要输入所有的项目。

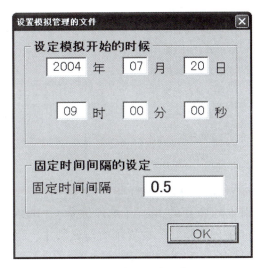

图 3-29　出库文件设定 6

⑤全部输入完毕后,显示信息框,单击"确定"即可(见图 3-30)。

图 3-30　出库文件设定 7

知识链接

1. 数据文件

数据文件即作业指示文件,作业指示文件中详细地记录着对应作业任务的过程。在仓储配送中心中,作业任务一般包括商品管理、入库、出库、自动仓库出库、初始库存、自动仓库初始库存、自动仓库出库拣选、卸货平台拣选、普通仓库补充、分类表、商品表等,这些作业任务在 RaLC 仿真软件中根据其作用分为指示类、次级类和表格类三种。作业任务与作业指示文件的对应表如表 3-8 所示。

表 3-8　作业任务与作业指示文件的对应表

类型	作业任务名	作业指示文件名
指示类	商品管理	ProductMasterFile.xml
	入库	ArriveData.xml
	出库	ShipmentData.xml
	初始库存	StockInitializeData.xml

续表

类型	作业任务名	作业指示文件名
指示类	自动仓库初始库存	CraneInitializeData.xml
	自动仓库出库	CraneShipmentData.xml
次级类	自动仓库出库拣选	CranePickingData.xml
	卸货平台拣选	DepalletizePincking.xml
	普通仓库补充	ReplenishData.xml
表格类	分类表	SorterTable.xml
	商品表	ProductTable.xml

1）商品管理文件（ProductMasterFile.xml）

商品管理文件是对模型中的商品的 Bara（单件散货）、Inner（可容纳多个 Bara 的货箱）、Outer（可容纳多个 Inner 的货箱）三种货箱的外观尺寸、商品的个数、颜色等进行设定的文件。

2）入库数据文件（ArriveData.xml）

入库数据文件是设定入库数据的文件，对入库开始时间、入库货品生成器、入库物品等进行设定。本任务对入库物品的目的地、商品 ID（在商品管理文件中设定的商品）、数量、入库类型等项目进行设定。

3）初始库存数据文件（StockInitializeData.xml）

初始库存数据文件是设定初始库存的文件。这是对初始库存货物的商品 ID（在商品管理文件中设定的商品）、库存商品的个数和货位进行设定的文件。

4）出库数据文件（ShipmentData.xml）

出库数据文件是设定出库数据的文件，对出库开始时间、计划管理器、作业管理器、出库物品等进行设定。本任务对管理出库物品的库存管理器、商品 ID（在商品管理文件中设定的商品）、位置、数量、类型、条码、路径、目的地等进行设定。

5）模拟管理文件（SimulationMasterFile.xml）

模拟管理文件包含连接到商品管理文件、入库数据文件、出库数据文件和初始库存数据文件的文件路径。

2. 文件属性

1）商品管理

name——商品名。

style——货物形式，从 Bara、Inner、Outer 中三选一。

length——商品长度。

width——商品宽度。

height——商品高度。

count——对散货的换算数，即在 Outer、Inner 形式时，可以有多少个散货。

picktime——分拣时所需的时间。

checktime——检验商品时的等待时间，是命令指示。

category——此商品的产品介绍。

assorttime——分拣时间。

penaltytime——特定条件下的添加时间。

amount——商品的容积。

red——RGB 值中红色所占比重（0~1）。

green——RGB 值中绿色所占比重（1~0）。

blue——RGB 值中蓝色所占比重（1~0）。

商品管理 CSV 样本见图 3-31。

name	style	length	width	height	count	picktime	checktime	category	assorttime	penaltytime	red	green	blue
A_001	bara	0.1	0.1	0.1	1	1	1	4	5	2	0.1	0.1	0.1
A_001	inner	0.3	0.3	0.3	20	1	1	4	5	2	0.1	0.1	0.1
A_001	outer	0.6	0.6	0.6	80	1	1	4	5	2	0.1	0.1	0.1
A_002	bara	0.1	0.1	0.1	1	1	1	4	5	2	0.1	0.1	0.1
A_003	bara	0.1	0.1	0.1	1	1	1	4	5	2	0.1	0.1	0.1
A_004	bara	0.1	0.1	0.1	1	1	1	4	5	2	0.1	0.1	0.1
A_005	bara	0.1	0.1	0.1	1	1	1	4	5	2	0.1	0.1	0.1
A_006	bara	0.1	0.1	0.1	1	1	1	4	5	2	0.1	0.1	0.1
A_007	bara	0.1	0.1	0.1	1	1	1	4	5	2	0.1	0.1	0.1
A_008	bara	0.1	0.1	0.1	1	1	1	4	5	2	0.1	0.1	0.1
A_009	bara	0.1	0.1	0.1	1	1	1	4	5	2	0.1	0.1	0.1
A_010	bara	0.1	0.1	0.1	1	1	1	4	5	2	0.1	0.1	0.1
A_011	bara	0.1	0.1	0.1	1	1	1	4	5	2	0.1	0.1	0.1
A_012	bara	0.1	0.1	0.1	1	1	1	4	5	2	0.1	0.1	0.1

图 3-31　商品管理 CSV 样本

商品管理 XML 样本见图 3-32。

```xml
<?xml version="1.0" encoding="Shift-JIS" ?>
<!-- プロダクトマスター -->
<ProductMasterList>
  <productMaster>
    <product name="A_001" category="4" />
    <data style="bara">
      <size length="0.1" width="0.1" height="0.1" />
      <baracount count="1" />
      <simulation picktime="1" checktime="1" assorttime="5" penaltytime="2" />
      <color red="0.1" green="0.1" blue="0.1" />
    </data>
    <data style="inner">
      <size length="0.3" width="0.3" height="0.3" />
      <baracount count="20" />
      <simulation picktime="1" checktime="1" assorttime="5" penaltytime="2" />
      <color red="0.1" green="0.1" blue="0.1" />
    </data>
    <data style="outer">
      <size length="0.6" width="0.6" height="0.6" />
      <baracount count="80" />
      <simulation picktime="1" checktime="1" assorttime="5" penaltytime="2" />
      <color red="0.1" green="0.1" blue="0.1" />
    </data>
  </productMaster>
```

图 3-32　商品管理 XML 样本

2）初始库存

OrdcrListID——库存 ID。

ProductID——商品名称。

ProductIDExt——商品扩展信息。

Quantity——对散货换算数。

Location——货架库存位置。

BarCode——库存托盘设定的条形码信息。

Route——库存托盘设定的路径信息。

Destination——库存托盘设定的路径信息。

AssortCode——库存托盘设定的分拣信息

ColorR——RGB 值中红色所占比重（0~1）。

ColorG——RGB 值中绿色所占比重（1~0）。

ColorB——RGB 值中蓝色所占比重（1~0）。

初始库存 CSV 样本见图 3-33。

OrderListID	ProductID	ProductIDExt	Quantity	Location	ColorR	ColorG	ColorB
1	pallet_1	AAA	-1	A01-01-01-01	1	1	1
1	pallet_1	AAA	-1	A01-01-02-01	1	1	1
1	pallet_1	AAA	-1	A01-01-03-01	1	1	1
1	pallet_1	AAA	-1	A01-01-04-01	1	1	1
1	pallet_1	AAA	-1	A01-01-05-01	1	1	1
1	pallet_1	AAA	-1	A01-01-06-01	1	1	1
1	pallet_1	AAA	-1	A01-01-01-02	1	1	1
1	pallet_1	AAA	-1	A01-01-02-02	1	1	1
1	pallet_1	AAA	-1	A01-01-03-02	1	1	1
1	pallet_1	AAA	-1	A01-01-04-02	1	1	1
2	pallet_1	AAA	-1	A01-01-05-02	1	1	1

图 3-33　初始库存 CSV 样本

初始库存 XML 样本见图 3-34。

```xml
<?xml version="1.0" encoding="Shift-JIS" ?>
<RaLCBrain-DataFile>
    <GeneralInfo Version="0.1" />
    <OrderFileInfo ID="InitializeNo01" Purpose="Initialize" />
    <!-- 初期在庫 -->
    <InitializeSection>
        <OrderInfo OrderMasterDevice="zaiko_02" />
        <OrderList ID="1">
            <Order ProductID="pallet_1" ProductIDExt="AAA" Quantity="-1" Location="A01-01-01-01" ColorR="1" ColorG="1" ColorB="1" />
            <Order ProductID="pallet_1" ProductIDExt="AAA" Quantity="-1" Location="A01-01-02-01" ColorR="1" ColorG="1" ColorB="1" />
            <Order ProductID="pallet_1" ProductIDExt="AAA" Quantity="-1" Location="A01-01-03-01" ColorR="1" ColorG="1" ColorB="1" />
            <Order ProductID="pallet_1" ProductIDExt="AAA" Quantity="-1" Location="A01-01-04-01" ColorR="1" ColorG="1" ColorB="1" />
            <Order ProductID="pallet_1" ProductIDExt="AAA" Quantity="-1" Location="A01-01-05-01" ColorR="1" ColorG="1" ColorB="1" />
            <Order ProductID="pallet_1" ProductIDExt="AAA" Quantity="-1" Location="A01-01-06-01" ColorR="1" ColorG="1" ColorB="1" />
            <Order ProductID="pallet_1" ProductIDExt="AAA" Quantity="-1" Location="A01-01-01-02" ColorR="1" ColorG="1" ColorB="1" />
            <Order ProductID="pallet_1" ProductIDExt="AAA" Quantity="-1" Location="A01-01-02-02" ColorR="1" ColorG="1" ColorB="1" />
            <Order ProductID="pallet_1" ProductIDExt="AAA" Quantity="-1" Location="A01-01-03-02" ColorR="1" ColorG="1" ColorB="1" />
            <Order ProductID="pallet_1" ProductIDExt="AAA" Quantity="-1" Location="A01-01-04-02" ColorR="1" ColorG="1" ColorB="1" />
            <Order ProductID="pallet_1" ProductIDExt="AAA" Quantity="-1" Location="A01-01-05-02" ColorR="1" ColorG="1" ColorB="1" />
            <Order ProductID="pallet_1" ProductIDExt="AAA" Quantity="-1" Location="A01-01-06-02" ColorR="1" ColorG="1" ColorB="1" />
```

图 3-34　初始库存 XML 样本

3）出库

OrderListID——出库 ID。

ProductID——商品名称。

ProductIDExt——商品扩展信息。

Quantity——对散货换算数。

Style——货物形式，从 Bara、Inner、Outer 中选择。

From——选择在哪个设备的管理下出库。

Location——位置。

To——用于位置 2 的管理设备。

Location2——位置 2。

Destination——传送地，是一般信息。

BarCode——条形码。

AssortCode——分拣代码。

Route——路径信息。

Option——参数有特殊条件时设定。

出库 CSV 样本见图 3-35。

	A	B	C	D	E	F	G	H
1	OrderListID	ProductID	Quantity	Style	From	Location	AssortCode	BarCode
2	ID_717801	PC-001	1	bara	zaiko_M	AE-02-09-01	AssotNo_C03	Bar_717801
3	ID_717818	PC-002	1	bara	zaiko_M	A2-02-09-01	AssotNo_C02	Bar_717818
4	ID_717819	PC-003	1	bara	zaiko_M	AE-02-07-01	AssotNo_C01	Bar_717819
5	ID_717821	PC-004	1	bara	zaiko_M	AE-02-06-01	AssotNo_C00	Bar_717821
6	ID_717825	PC-005	1	bara	zaiko_M	AA-02-05-01	AssotNo_C00	Bar_717825
7	ID_717828	PC-006	2	bara	zaiko_M	A4-01-07-01	AssotNo_C01	Bar_717828
8	ID_717840	PC-007	1	bara	zaiko_M	A6-01-10-01	AssotNo_C01	Bar_717840
9	ID_717841	PC-008	1	bara	zaiko_M	A5-02-04-01	AssotNo_C02	Bar_717841
10	ID_717844	PC-009	1	bara	zaiko_M	A2-01-08-01	AssotNo_C02	Bar_717844
11	ID_717854	PC-010	2	bara	zaiko_M	A5-01-01-01	AssotNo_C02	Bar_717854
12	ID_717860	PC-011	20	bara	zaiko_M	A5-01-11-01	AssotNo_C01	Bar_717860
13	ID_717867	PC-012	1	bara	zaiko_M	A1-02-07-01	AssotNo_C01	Bar_717867
14	ID_717868	PC-013	1	bara	zaiko_M	A1-02-07-01	AssotNo_C01	Bar_717868
15	ID_717877	PC-014	1	bara	zaiko_M	AB-02-07-01	AssotNo_C02	Bar_717877
16	ID_717878	PC-015	1	bara	zaiko_M	A4-01-03-01	AssotNo_C02	Bar_717878
17	ID_717879	PC-016	1	bara	zaiko_M	A4-01-09-01	AssotNo_C02	Bar_717879
18	ID_717883	PC-017	1	bara	zaiko_M	A4-02-04-01	AssotNo_C02	Bar_717883
19	ID_717891	PC-018	1	bara	zaiko_M	AC-02-04-01	AssotNo_C02	Bar_717891
20	ID_717891	PC-019	1	bara	zaiko_M	AB-01-09-01	AssotNo_C02	Bar_717891

图 3-35　出库 CSV 样本

出库 XML 样本见图 3-36。


```xml
<?xml version="1.0" encoding="Shift-JIS"?>
- <RaLCBrain-DataFile>
    <GeneralInfo Version="0.1" />
    <OrderFileInfo ID="出庫データ平置場①" Time="06/10/2002 09:00:00" Purpose="shipment" ProcessCode="ProcessCode" />
    <!-- 出庫データ平置場① -->
  - <PickingSection>
      <OrderInfo OrderMasterDevice="Xml_Sc" OrderSubDevice="TaskM_01" OrderKubun="01" />
    - <OrderList ID="ID_717801">
        <Order ProductID="PC-001" Quantity="1" Style="bara" From="zaiko_M" Location="AE-02-09-01" BarCode="Bar_717801" AssortCode="AssotNo_C03" />
      </OrderList>
    - <OrderList ID="ID_717818">
        <Order ProductID="PC-002" Quantity="1" Style="bara" From="zaiko_M" Location="A2-02-09-01" BarCode="Bar_717818" AssortCode="AssotNo_C02" />
      </OrderList>
    - <OrderList ID="ID_717819">
        <Order ProductID="PC-003" Quantity="1" Style="bara" From="zaiko_M" Location="AE-02-07-01" BarCode="Bar_717819" AssortCode="AssotNo_C01" />
      </OrderList>
    - <OrderList ID="ID_717821">
        <Order ProductID="PC-004" Quantity="1" Style="bara" From="zaiko_M" Location="AE-02-06-01" BarCode="Bar_717821" AssortCode="AssotNo_C00" />
      </OrderList>
    - <OrderList ID="ID_717825">
        <Order ProductID="PC-005" Quantity="1" Style="bara" From="zaiko_M" Location="AA-02-05-01" BarCode="Bar_717825" AssortCode="AssotNo_C00" />
      </OrderList>
    - <OrderList ID="ID_717828">
        <Order ProductID="PC-006" Quantity="2" Style="bara" From="zaiko_M" Location="A4-01-07-01" BarCode="Bar_717828" AssortCode="AssotNo_C01" />
      </OrderList>
    - <OrderList ID="ID_717840">
        <Order ProductID="PC-007" Quantity="1" Style="bara" From="zaiko_M" Location="A6-01-10-01" BarCode="Bar_717840" AssortCode="AssotNo_C01" />
      </OrderList>
    - <OrderList ID="ID_717841">
        <Order ProductID="PC-008" Quantity="1" Style="bara" From="zaiko_M" Location="A5-02-04-01" BarCode="Bar_717841" AssortCode="AssotNo_C02" />
      </OrderList>
    - <OrderList ID="ID_717844">
```


图 3-36　出库 XML 样本

知识拓展

常见问题及解决方法

1. 单击"开始"按钮后模型无任何反应。

解决方法

（1）请核实 XML 数据的时间指定是否恰当。如果模型上的时间和出库或入库的开始时间相差太大，模型不会运行。例如，模型上的时间为 1998/01/01 00：00：00，而出库的开始时间为 2002/01/01 00：00：00。

（2）可能还在读取入库数据。如果入库数据量很大，则读取数据需花费时间，画面有可能在数秒至一两分钟内没有应答。

2. 作业员不能走动、走向无关的地方或做出奇怪的动作。

解决方法

（1）作业管理器读取的命令可能有差错。请检查命令是否正确。

（2）连接错误。请检查从作业管理器发出的连接或向作业管理器做出的连接是否正确。

（3）XML 数据错误或作业区域和货架列 ID 等的设定可能有误。请核实 XML 文件和模型的货位信息是否一致。

任务评价与分析

评价项目	指标说明	分值	小组互评	教师评分
入库商品信息	订单编号	10		
	商品名称	5		
	商品数量	5		
	商品类型（规格）	10		
	商品存放位置	10		
出库商品信息	订单编号	10		
	商品名称	5		
	商品数量	5		
	商品类型（规格）	10		
	商品存放位置	10		
小组汇报展示	汇报语言流畅，自信大方，有适当说明	20		
任务得分	—			
任务总得分	（互评40%+教评60%）			

续表

评价项目	指标说明	分值	小组互评	教师评分
任务总结				
反思和建议				

项目四　执行仓储作业

项目导学

弘扬物流工匠精神，做优秀物流人

工匠精神是一种职业精神，是职业教育应该要达到的人才培养的理想境界，是职业能力、职业品质与职业道德的综合体现，是职业价值观指导下的具体行为体现。

物流管理专业职业教育侧重技能运用的培养，凸显职业能力、技术能力和职业精神的培养，所以物流管理专业的工匠精神，可以理解为在敬业、精益求精的职业精神指导下的专注、创新的行为能力，是"精神+技术"的有机结合。综上所述，物流管理专业的工匠精神应主要包括以下特征。

1. 敬业敬学的价值取向

敬业者，人恒敬之。凡是做一件事，便要忠于这件事，将全部精力集中在这件事上，一点不旁骛，便是敬。社会需要的人才，需要具备忠于职守和爱岗敬业的事业精神，这是职业道德的基础。用人单位挑选人才的重要标准，就是是否具有爱岗敬业的精神，只有那些干一行爱一行的人，才具备成为具有工匠精神人才的基础。学生以"学"为业，敬业即为敬学，物流管理专业的学生必须在专业学习上抱有敬学的态度，集中精力、心无旁骛地学习。

2. 精益求精的专业精神

《论语·学而》有云："治玉石者，既琢之而复磨之，治之已精，而益求其精也。"《荀子·劝学》中说："天地之大，必作于细。"屠呦呦在第 191 次实验中发现青蒿对疟疾有100%的抑制率。陈景润呕心沥血，攻克世界顶级理论难题，使"哥德巴赫猜想"的研究取得了世界领先的成果。精益求精的精神是我们现在非常缺乏的，靠产能、低成本的发展模式已不再适应我国高质量发展要求，精益求精的专业精神、境界和才能是中国制造、中国精造、中国创造发展的基础。

3. 善于创新的思维方式

梁启超有言："凡一件职业，总有许多层累、曲折，倘能身入其中，看它变化、发展的状态，最为亲切有味。"乐业必先敬业，乐学必先敬学。学习的趣味，总是随着研究的不断深入产生的，像倒吃甘蔗一样，越往下才越品得好处。创新是发展的基础，身处高质量发展时代，需要形成善于创新的思维方式，善于对所学专业技能知识进行提炼与总结，推进专业领域的叠浪式发展。

项目任务

经历半年的建立期，仓库已经投入正常运营。张明已经成为融通仓库的仓库主管，该仓库主要为 A 客户服务。张明本想问问老李自己后期该做什么，可老李说他已经成长了，不需要指点了。张明想，既然仓库已建好，他就进一步熟悉仓库的业务吧。

学习目标

知识目标

1. 了解 ABC 分类管理的原理和意义；
2. 熟悉出入库作业的内容和流程；
3. 掌握盘点作业的方法和程序。

技能目标

1. 能够制订出入库作业计划，并执行相关作业；
2. 能够进行物动量 ABC 分析，合理安排货位；
3. 能够根据仓库实际情况，设计合理的盘点方案，并实施盘点；
4. 能够恰当处理出入库作业中的异常问题。

素养目标

1. 培养学生团队合作的能力，树立成本意识和安全意识；
2. 培养学生理论联系实际，发现问题、分析问题和解决问题的能力。

典型岗位

仓库主管

岗位职责

1. 负责物资的验收、入库、保管、盘点、对账、拣选、复核等工作。
2. 制定和完善仓库的规章制度、规范作业标准及流程，提高效率，降低成本。
3. 负责仓库 5S 管理、统筹管理库存物料，做到账物相符。
4. 定期对库房进行库龄分析和成本分析，针对发现的问题，督促相关人员制定整改措施。
5. 负责组织盘点、核账工作，并出具库存报告；负责库存周期和废旧物料的管理。
6. 制作仓库报表，统筹仓库收、发、存、运管理，确保仓库财产安全。
7. 负责库管工作的管理，任务指标的分配与下达，检查和监督仓管员的工作效率和工作质量。
8. 负责对仓库工作人员的绩效考核进行统计分析，并提出改善建议。

任职要求

1. 大专及以上学历，物流管理相关专业。
2. 能够熟练使用 ERP、WMS、Office 等办公软件。
3. 具有较强的责任心和团队精神，吃苦耐劳，能承受一定工作压力。
4. 有相关工作经验的优先。

工作任务一　入库准备与验收

任务描述

仓库接到一份入库任务单（见表4-1），可是拿到入库任务单的张明犯难了，这么多的货物，规格品种不同，数量不同，包装也不一样，应该怎么入库呢？货物放在哪个货位合适呢？假如你是张明，应该如何完成本次入库作业？

表4-1　入库任务单

入库任务单编号：R20230512　　　　　　　　　　　　　　计划入库时间：到货当日

序号	商品名称	包装规格 （长×宽×高）/（mm×mm×mm）	单价/ （元·箱$^{-1}$）	质量/ kg	入库量	单位
1	名片盒	450×280×180	100	5	25	箱
2	营养快线	500×400×180	100	8	16	箱
3	旺旺雪饼	470×260×180	100	22	11	箱
4	绿箭口香糖	按现场实际入库货物包装规格组托	100	10	14	箱
5	美年达汽水	500×340×180	100	10	39	箱

供应商：万事通达商贸有限公司。

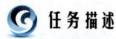

1. 入库作业准备

机会总是留给有准备的人，要想圆满完成本次入库作业，应该提前做好准备工作。假如你是仓库主管张明，请你思考一下，货物入库前要做好哪些准备工作呢？

2. 入库验收

一切准备就绪，货物也刚好送到了仓库。作为仓库作业人员，必须把好验收关，才能确保仓储货物的质量。假如你是张明，请组织团队讨论应如何完成验收作业？出现异常应该如何处理？

4.1　入库验收

验收的同时，别忘了一定要做好验收情况记录，填写验收记录单哦！常用的货物验收单如表 4-2 所示。

表 4-2 货物验收单

订单编号：			验收单编号：				填写日期：	
货物编号	品名	订单数量	规格符合 是	否	单位	实收数量	单价	总金额
是否分批交货	□是 □否	检查	抽样____% 不良	验收结果	1. 2.		验收主管	验收员
总经理		财务部				仓储部		
		主管	核算员			主管		收货员

3. 入库信息录入

为了便于仓库管理，需要将信息和物流统一起来。仓库单证员应根据入库通知单，把即将入库的货物信息录入仓储管理系统中，这项作业虽然简单，但是也容易出错。单证员小张既要熟悉仓储管理系统操作，还要认真细致，保证录入系统的信息准确、录入效率高。假如你是单证员小张，请将入库通知单中信息及时录入系统，并总结常见的问题。

4.2 出入库信息

入库流程：入库计划→入库接单→卸货→验货→安排仓位→入库确认。本任务以中诺斯的仓储教学软件为例进行入库实验操作，实验前老师已经在后台初始化实验数据，并设定好实验内容。

登录仓储大赛管理软件，进入仓储管理模块，录入入库订单信息，完成入库计划编制，具体操作步骤如下。

①单击"订单管理/入库计划"进入入库计划页面；

②单击"新增"按钮，进入新增页面，将入库货品信息录入；

③单击"订单管理/客户订单"进入客户订单页面；

④单击"新增"客户订单信息，进入新增客户订单页面，加入计划入库的物料信息；

⑤保存客户订单信息，单击"保存"按钮；

⑥单击"订单管理/订单处理"进入订单处理页面；

⑦单击"入库管理/入库作业"，进入入库订单列表页面；

⑧选择一个入库单，单击"确认"按钮。操作完毕，入库单状态由未确定变为已确定，组托状态变为待组托，上架状态变为待上架。

4. 安排储位

货物验收完毕，张明决定安排仓管员完成接下来的上架工作，可是现在每个重型货架的每层都有空货位（见图4-1），这些要入库的货物应该分别放在哪里呢？假如你是张明，请组织团队讨论如何合理安排储位，并利用仓库的设施设备高效地完成货物的上架作业。请把你的想法写在方框中。

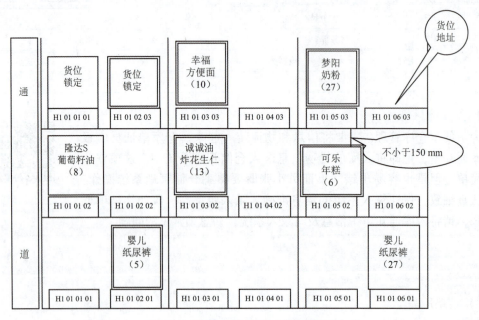

图4-1　目前的重型货架货位示意图

项目四 执行仓储作业

知识链接

1. 入库作业准备

1）信息准备

在接到入库申请后,仓库业务员要及时获取货物信息,包括发货时间、发货地点、运输方式、预计到达时间、联系电话、货物的详细信息等,必要时还要向存货人进行询问并核实,确保准确无误,便于后续工作顺利开展。

2）场地准备

仓库业务员要根据货物的详细信息,结合货物的堆码要求,计算货位的面积,确定货物所需的储存空间和储存条件,并对仓库进行清查、打扫、消毒等工作。

3）设备准备

在货物到库之前,仓库业务员要根据其种类、包装、规格、数量等情况,确定装卸搬运及检验方法,并准备相应的车辆、检验器材、防护用品等。

4）人员准备

根据作业量的大小及专业化程度的高低,安排数量相符、技能娴熟的搬运、堆码、检验等作业人员。

5）货位准备

根据货位的使用原则,妥善安排货位,并彻底清扫、检查,发现问题及时解决。

6）作业工艺设定

根据货物、货位、设备、人员、场地、时间等多方面的因素,科学合理地确定装卸搬运的工艺方案,尤其是对于超长、超高、超宽、不能拆分的大型物件,要在保证安全性的前提下,尽可能地提高工作效率。

7）单证准备

仓库管理员需根据入库计划,将作业时所需的入库记录单、验收单或卡等各种单据凭证、报表事先准备好,并预填妥,以备使用。

8）苫垫用品准备

根据货物的性质、数量、保管要求、堆码形式、储存场所等因素,确定货物的苫垫形式,并准确计算出所需苫垫材料的数量和种类,预先准备充足,做到堆码的同时完成苫垫工作,以提高工作效率,降低成本。

2. 入库验收

入库验收是仓储业务的重要环节,要求做到及时、准确,严格按照仓储保管合同办事。

货物入库验收是仓库把好"三关"（入库、保管、出库）的第一道关，把好货物入库质量关，是划清仓库与生产部门、运输部门以及供销部门的责任界限，也为货物在库场中的保管提供第一手资料。验收的主要任务是查明到货的数量和货物的质量状态，为入库和保管打基础，防止仓库和货主遭受不必要的经济损失，同时对供货单位的产品质量和承运部门的服务质量进行监督。货物验收包括验收准备、核对凭证、检验货物、做出验收报告及验收中发现问题的处理等工作。

1）验收准备

验收准备是货物入库验收的第一道程序。仓库接到到货通知后，应根据货物的性质和数量提前做好验收的准备工作，主要包括以下内容。

①人员准备。安排好负责质量验收的技术人员或存货单位的专业技术人员，以及配合货物验收的装卸搬运人员。

②资料准备。收集并熟悉待验货物的有关凭证和资料，例如技术标准、订货合同等。

③器具准备。准备验收用的检验工具，例如衡器、量具等，并校验准确。

④货位准备。针对到库货物的性质、特点和数量，确定货物的存放地点，计算并准备堆码苫垫材料。

⑤设备准备。验收大批量的货物，必须要有装卸搬运机械的配合，应做好设备的申请调用。

此外，对于特殊货物的验收，例如毒害品、腐蚀品、放射品等，还要准备相应的防护用品。

2）核对凭证

入库货物必须具备以下凭证。

①货主提供的入库通知单和订货合同副本，这是仓库接收货物的凭证。

②供货单位提供的验收凭证，包括材质证明书、装箱单、磅码单、发货明细表、说明书、保修卡及合格证等。

③承运单位提供的运输单证，包括提货通知单和登记货物残损情况的货运记录、普通记录以及公路运输交接单等。核对凭证，就是将上述凭证加以整理后全面核对。入库通知单、订货合同要与供货单位提供的所有凭证逐一核对，相符后，才可以进入下一步的实物检验；如果发现有证件不齐或不符等情况，要与存货、供货单位及承运单位和有关业务部门及时联系解决。

3）检验货物

检验货物就是根据入库单和有关技术资料对实物进行数量和质量检验，即复核货物数量是否与入库凭证相符，货物质量是否符合规定的要求。

（1）数量检验

数量检验是保证货物数量准确不可缺少的措施，要求货物入库时一次性检验完毕。数量检验一般在质量检验之前，由仓库保管职能机构组织进行。按商品性质和包装情况，可将数量检验分为三种形式，即计件、检斤、检尺求积等形式。

计件法。计件是按件数供货或以件数为计量单位的货物，做数量检验时要清点件数。计件商品一般应全部清查件数（带有附件和成套的机电设备必须清查主件、部件、零件和工具等）。固定包装的小件商品，如包装完好，打开包装会对保管不利，所以通常情况下，国内货物多采用抽验法，即按一定比例开箱点件验收，抽验内包装 5%～15%，其他只检查外包装，不拆包检查。贵重商品应酌情提高检验比例或全部检验，进口商品则按合同或惯例办理。

检斤法。检斤是对按质量供货或以质量为计量单位的商品，做数量检验时进行称量的方法。商品的质量一般有毛质量、皮质量、净质量之分。毛质量是指商品包括包装质量在内的实际质量；净质量是指商品本身的质量，即毛质量减去皮质量。我们通常所说的商品质量多是指商品的净质量。金属材料、某些化工产品多半是检斤验收。按理论换算质量供应的商品，则先要通过检尺，例如金属材料中的板材、型材等，然后按规定的换算方法换算成质量验收。对于进口商品，原则上应全部检斤，但如果订货合同规定按理论换算质量交货，则按合同规定办理。所有检斤的商品，都应填写磅码单。

检尺求积法。检尺求积是对以体积为计量单位的商品，例如木材、竹材、沙石等，先检尺，后求体积所做的数量检验。凡是经过数量检验的商品，都应该填写磅码单。在做数量检验之前，还应根据商品来源、包装好坏或有关部门规定，确定对到库商品采取抽验还是全验的方式。

（2）质量检验

仓库对到库货物进行的质量检验是根据仓储合同约定来施行的，合同没有约定的，则按照货物的特性和惯例确定。由于新产品不断出现，不同货物具有不同的质量标准，仓库应认真研究各种检验方法，必要时可要求客户、货主提供检验方法和标准，或者要求收货人共同参与检验。

仓库常用的质量检验方法主要有以下几种。

外观检验。外观检验是指通过人的感觉器官检查商品外观质量的检查方法，主要检查货物的自然属性是否因物理反应及化学反应而造成负面的改变；是否受潮、沾污、腐蚀、霉烂等；检查商品包装的牢固程度；检查商品有无损伤，例如撞击、变形、破碎等。对外观检验出严重缺陷的商品，要单独存放，防止混杂，等待处理。凡经过外观检验的商品，都应该填写检验记录单。外观检验的基本要求是：凡是通过人的感觉器官检验商品后，就可决定商品质量的，由仓储业务部门自行组织检验，检验后做好商品的检验记录；对于一些特殊商品，则由专门的检验部门进行化验和技术测定。验收完毕后，应尽快签返验收入库凭证，不能无故积压单据。

测试仪器检验。测试仪器检验是指利用各种专用测试仪器进行货物性质测定，如含水量、密度、黏度、成分、光谱等测试。

运行检验。运行检验是指对货物进行运行操作，如电器、车辆等，检查其操作功能是否正常。

4）检验程度

检验程度是指对入库货物实施数量和质量检验的数量，其分为全验和抽验。原则上应采用全验的方式，对于大批量、同包装、同规格、不容易损坏的货物，以及质量较高、可信赖的货物可以采用抽验的方式进行检验。但是在抽查中发现不符合要求的货物较多时，应扩大抽验范围，甚至全验。

5）入库检验时间

货物的数量、外观质量应在入库时进行检验；货物的内在质量，应在合同约定的时间之内进行检验，或者按照仓储惯例在入库 10 天之内，国外到货 30 天之内进行检验。

6）验收中发现问题的处理

在货物验收过程中，如果发现货物数量或质量有问题，应该严格按照有关制度处理。在处理过程中，验收中发现问题、等待处理的货物应该单独存放，妥善保管，防止混杂、丢失、损坏。现将几种常见的问题归纳如下。

①数量方面的问题。数量短缺在误差规定的范围内的，可按原数入账；数量短缺超过误差规定的范围的，应做好验收记录，填写磅码单，交主管部门会同货主向供货单位交涉；实际数量多于原发数量的，可由主管部门向供货单位退回多发数或补发货款。

②质量方面的问题。当货物质量不符合规定要求时，应及时向供货单位办理退货、换货；当货物规格不符或错发时，应将情况做成验收记录，交给主管部门办理退货。对于货物验收中的具体问题，仓库可用物资溢余、短缺、破损查询单等书面形式通知货主或发货方，要求查明情况并进行处理。

③货物验收凭证方面的问题。入库货物必须具备入库通知单、订货合同副本、供货单位提供的材质证明书、装箱单、磅码单、发货明细表以及承运单位的运单等资料。凡资料未到或资料不齐的，应及时向供货单位索取，该货物则作为待验货物堆放在待验区，等待与货物相关的资料到齐后再验收。入库前的货物检验是一项技术要求高、组织严密的工作，直接关系到整个仓储业务能否顺利进行，必须做到及时、准确、严格、经济。

3. 储位管理

1）储位管理的定义

储位管理就是利用储位来使商品处于"被保管状态"，并且能够明确显示其储存的位置，当商品的位置发生变化时能够准确记录，使管理者能够随时掌握商品的数量、位置和去向。

2）储位管理的要求

①充分有效地利用空间。

②尽可能提高人力资源及设备的利用率。

③有效地保护好商品的质量和数量。

④维护良好的储存环境。

⑤使所有在储货物处于随随取状态。

3）储位管理的基本原则

①储位明确化。仓库中储存的商品应有明确的存放位置。

②存放商品合理化。每一个商品的存放都是遵循一定的规则精确指定的。

③储位上商品存放状况明确化。商品存放于储位后，商品的数量、品种、位置、拣取等变化情况都必须正确记录，仓库管理系统对商品的存放情况要明确清晰。

4）储位管理的要素

储位管理的基本要素主要包括储存空间的管理、商品的管理、人员的管理三个方面。

5）储位管理的方法

储存作业中，为有效对商品进行科学管理，必须根据仓库、储存商品的具体情况，实行仓库分区、商品分类和定位保管。仓库商品的分区分类储存是根据"四一致"原则（性能一致、养护措施一致、作业手段一致、消防方法一致），把仓库划分为若干保管区域，把储存商品划分为若干类别，以便统一规划储存和保管。

仓库分区就是根据库房、货场条件将仓库分为若干区域；分类就是根据商品的不同属性将储存商品划分为若干大类；定位就是在分区、分类的基础上固定每种商品在仓库中具体存放的位置。在进行储区规划时，应充分考虑商品的特性、轻重、形状及周转率等情况，根据一定的分配原则确定商品在仓库中具体存放的位置。

6）储位管理的原则

①储位标识明确。

②商品定位有效。

③变动更新及时。

7）储位优化基本原则

①靠近出口的原则：尽量将货品放在靠近出入库口的位置，减少搬运浪费。

②周转率原则：周转率越高，离仓库的出口越近。

③货物相关性原则：相关性大的货物，其储位相邻。

④货物同一性原则：将同一种货物存放在同一位置保管。

⑤先入先出原则：先进的货物先出。

⑥堆高原则：为提高空间利用率，能堆高的货物尽量堆高。

⑦面对通道原则：货物面对通道，便于识别条码、标记和名称。

⑧产品尺寸原则：为有效地利用空间，在布置仓库时，必须知道货物的单位大小和相同货物的整批形状。

⑨质量特性原则：重者置于地面或货架下层，轻者置于货架上层。

8）储位编码

①区段式：把保管区域分割几个区段，再对每个区段编码。这种编码方式是以区段为单位，每个号码所标注代表的储位区域很大，因此适用于容易单位化的货品，以及量大的或保管周期短的货品。ABC 分类中的 A、B 类货品也很适合这种编码方式。货品以物流量大小来决定其所占的区段大小，以进出货频率来决定其配置顺序。

②品项群别式：把一些相关性货品经过集合后，区分成好几个品项群，再对每个品项群进行编码。这种编码方式适用于比较容易进行商品群别保管及品牌差距大的货品，例如服饰、五金方面的货品。

③地址式：利用保管区域中的现成参考单位，例如建筑物第几栋、区段、排、行、层、格等，依照其相关顺序进行编码，就像地址的几段、几巷、几弄、几号一样。这种编码方式由于其所标注代表的区域通常以一个储位为限，且其有相对顺序性可循，使用起来明了又方便，所以是目前物流中心使用最多的编码方式。但受其储位体积所限，这种编码方式适合一些量少或单价高的货品使用，例如 ABC 分类中 C 类货品。这种编码方式多以数字命名，如 120706 就是位于第 12 区、第 7 排、第 6 号的货品。

④坐标式：利用空间概念来编排储位的方式。这种编排方式由于其对每个储位定位切割细小，在管理上比较复杂，对于流通率很小、需要长时间存放的货品，即一些生命周期较长的货品比较适用。

知识拓展

危险品入库要求

1. 检验物品包装是否完好无损，生产日期、有效期、产品三证等是否齐全，采购订单、随货同行单与所购材料核对无误后，方可办理入库。
2. 入库时，需由实验员与两名库房管理员共同验收入库。
3. 入库后，需将试剂分类存放，并认真填写入库账本。
4. 易燃、易爆品必须限量储存，并掌握先进先出的原则，以免储存时间过长，导致物品变质。
5. 易燃、易爆、易制毒、易制爆、剧毒品应专库储存，"五双管理"，入库时应在对应系统中填写。

素养园地

党的二十大回顾了新时代的十年伟大成就，新时代十年中，物流行业发展迅速。

港珠澳大桥：中国境内一座连接香港与广东珠海和澳门的桥隧工程。港珠澳大桥因其超大的建筑规模与空前的施工难度及顶尖的建造技术闻名世界。桥隧全长 55 km，桥面为双向六车道高速公路，设计速度为 100 km/h，工程项目总投资额 1 269 亿元。

上海洋山智能码头：目前全球单体规模最大、综合智能化程度最高的集装箱码头，其自主研发的自动化码头作业管控系统，在全球港口行业首次实现全业务自动化和核心业务智能化，其码头生产效率是传统码头的 213%，屡创世界纪录，且码头作业实现了零排放。

京东亚洲一号仓：京东首个全流程无人仓库，占地 4 万平方米，物流中心主体由收货、储存、包装、订单拣选四个作业系统组成，是全球最大的自动化立体仓库之一，可容纳 300 万个 SKU 的商品。

物流行业的发展成绩是无数物流人的风雨兼程、辛勤付出，他们用自己年复一年的平凡故事，书写了行业发展巨变的画卷；他们在平凡的岗位中默默坚守奉献，诠释了新时代劳动者的奋斗精神。作为未来的物流人，我们要努力学习、与时俱进、再创辉煌。

任务评价与分析

考核项目	具体内容及重点	得分	备注
出勤情况（15分）	迟到、早退各扣2分，无故旷课扣5分		
实训态度（35分）	上课认真听课，能按要求完成任务（10分）		
	作业美观大方（5分）		
	积极主动，能提出问题（10分）		
	相互协作，富有团队精神（10分）		
完成情况（50分）	准备工作充分，分工合理（13分）		
	信息录入准确，单证填写正确（13分）		
	验收商品的数量、质量和包装无误（12分）		
	储位安排合理（12分）		
合计	—		
小组名称		小组成员	
教师评语			

工作任务二 物动量 ABC 分析

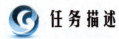

任务描述

为了顺利完成入库作业，我们需要先对入库货物进行 ABC 分类，划清货物的主次顺序，为货物上架和储存提供理论依据。以 2023 年山西省赛题目为例，资料包给出的物动量信息如下。

表 4-3～表 4-8 是某公司最近六周的商品出库物动量信息，据此完成商品的 ABC 分类，并要体现分类过程和分类结果。

表 4-3 出库作业周报 1（物动量统计）

制表人：李毅　　　　　　　　　　　　　　　　　　　　制表时间：2023 年 2 月 25 日

货品编码/条码	货品名称	出库量/箱
6901521103123	诚诚油炸花生仁	55
6902774003017	金多多婴儿营养米粉	20
6903148042441	绿箭口香糖	87
6917878007441	婴儿纸尿裤	334
6918010061360	脆香饼干	137
6918163010887	黄桃水果罐头	15
6920855052068	利鑫达板栗	42
6920855784129	美年达汽水	514
6920907800173	休闲黑瓜子	18
6931528109163	婴儿湿巾	44
6932010061808	神奇松花蛋	81
6932010061815	兴华苦杏仁	233
6932010061822	爱牧云南优质小粒咖啡	184
6932010061839	营养快线	145
6932010061846	隆达葡萄籽油	134
6932010061853	乐纳可茄汁沙丁鱼罐头	41
6932010061860	金谷精品杂粮营养粥	38
6932010061877	华冠芝士微波炉爆米花	30
6932010061884	早苗栗子西点蛋糕	25
6932010061891	轩广章鱼小丸子	25
6932010061907	大嫂什锦水果罐头	18
6932010061914	雅比沙拉酱	3
6932010061921	山地玫瑰蒸馏果酒	3

续表

货品编码/条码	货品名称	出库量/箱
6932010061938	旺旺雪饼	17
6932010061945	幸福方便面	20
6932010061952	日月腐乳	15
6932010061969	鹏泽海鲜锅底	7
6932010061976	万盛牌瓷砖	8
6932010062065	名片盒	1 023
6939261900108	好娃娃薯片	7

表 4-4 出库作业周报 2（物动量统计）

制表人：李毅　　　　　　　　　　　　　　　　　制表时间：2023 年 2 月 25 日

货品编码/条码	货品名称	出库量/箱
6901521103123	诚诚油炸花生仁	129
6902774003017	金多多婴儿营养米粉	16
6903148042441	绿箭口香糖	139
6917878007441	婴儿纸尿裤	483
6918010061360	脆香饼干	202
6918163010887	黄桃水果罐头	17
6920855052068	利鑫达板栗	52
6920855784129	美年达汽水	393
6920907800173	休闲黑瓜子	17
6931528109163	婴儿湿巾	82
6932010061808	神奇松花蛋	103
6932010061815	兴华苦杏仁	279
6932010061822	爱牧云南优质小粒咖啡	217
6932010061839	营养快线	210
6932010061846	隆达葡萄籽油	100
6932010061853	乐纳可茄汁沙丁鱼罐头	53
6932010061860	金谷精品杂粮营养粥	57
6932010061877	华冠芝士微波炉爆米花	28
6932010061884	早苗栗子西点蛋糕	38
6932010061891	轩广章鱼小丸子	24
6932010061907	大嫂什锦水果罐头	7
6932010061914	雅比沙拉酱	3
6932010061921	山地玫瑰蒸馏果酒	6
6932010061938	旺旺雪饼	11
6932010061945	幸福方便面	17

续表

货品编码/条码	货品名称	出库量/箱
6932010061952	日月腐乳	17
6932010061969	鹏泽海鲜锅底	15
6932010061976	万盛牌瓷砖	9
6932010062065	名片盒	756
6939261900108	好娃娃薯片	9

表 4-5　出库作业周报 3（物动量统计）

制表人：李毅　　　　　　　　　　　　　　　　　制表时间：2023 年 2 月 25 日

货品编码/条码	货品名称	出库量/箱
6901521103123	诚诚油炸花生仁	33
6902774003017	金多多婴儿营养米粉	21
6903148042441	绿箭口香糖	54
6917878007441	婴儿纸尿裤	343
6918010061360	脆香饼干	99
6918163010887	黄桃水果罐头	16
6920855052068	利鑫达板栗	44
6920855784129	美年达汽水	533
6920907800173	休闲黑瓜子	22
6931528109163	婴儿湿巾	37
6932010061808	神奇松花蛋	59
6932010061815	兴华苦杏仁	252
6932010061822	爱牧云南优质小粒咖啡	133
6932010061839	营养快线	122
6932010061846	隆达葡萄籽油	102
6932010061853	乐纳可茄汁沙丁鱼罐头	51
6932010061860	金谷精品杂粮营养粥	25
6932010061877	华冠芝士微波炉爆米花	27
6932010061884	早苗栗子西点蛋糕	24
6932010061891	轩广章鱼小丸子	18
6932010061907	大嫂什锦水果罐头	10
6932010061914	雅比沙拉酱	7
6932010061921	山地玫瑰蒸馏果酒	5
6932010061938	旺旺雪饼	14
6932010061945	幸福方便面	18
6932010061952	日月腐乳	22
6932010061969	鹏泽海鲜锅底	20

续表

货品编码/条码	货品名称	出库量/箱
6932010061976	万盛牌瓷砖	14
6932010062065	名片盒	622
6939261900108	好娃娃薯片	16

表 4-6　出库作业周报 4（物动量统计）

制表人：李毅　　　　　　　　　　　　　　　　　　　制表时间：2023 年 2 月 25 日

货品编码/条码	货品名称	出库量/箱
6901521103123	诚诚油炸花生仁	61
6902774003017	金多多婴儿营养米粉	8
6903148042441	绿箭口香糖	81
6917878007441	婴儿纸尿裤	331
6918010061360	脆香饼干	173
6918163010887	黄桃水果罐头	10
6920855052068	利鑫达板栗	55
6920855784129	美年达汽水	584
6920907800173	休闲黑瓜子	21
6931528109163	婴儿湿巾	62
6932010061808	神奇松花蛋	54
6932010061815	兴华苦杏仁	210
6932010061822	爱牧云南优质小粒咖啡	164
6932010061839	营养快线	184
6932010061846	隆达葡萄籽油	115
6932010061853	乐纳可茄汁沙丁鱼罐头	45
6932010061860	金谷精品杂粮营养粥	31
6932010061877	华冠芝士微波炉爆米花	26
6932010061884	早苗栗子西点蛋糕	20
6932010061891	轩广章鱼小丸子	16
6932010061907	大嫂什锦水果罐头	9
6932010061914	雅比沙拉酱	4
6932010061921	山地玫瑰蒸馏果酒	2
6932010061938	旺旺雪饼	18
6932010061945	幸福方便面	17
6932010061952	日月腐乳	15
6932010061969	鹏泽海鲜锅底	17
6932010061976	万盛牌瓷砖	7
6932010062065	名片盒	960
6939261900108	好娃娃薯片	22

表 4-7 出库作业周报 5（物动量统计）

制表人：李毅　　　　　　　　　　　　　　　　　　　　　　　制表时间：2023 年 2 月 25 日

货品编码/条码	货品名称	出库量/箱
6901521103123	诚诚油炸花生仁	68
6902774003017	金多多婴儿营养米粉	8
6903148042441	绿箭口香糖	73
6917878007441	婴儿纸尿裤	357
6918010061360	脆香饼干	155
6918163010887	黄桃水果罐头	19
6920855052068	利鑫达板栗	37
6920855784129	美年达汽水	521
6920907800173	休闲黑瓜子	15
6931528109163	婴儿湿巾	55
6932010061808	神奇松花蛋	67
6932010061815	兴华苦杏仁	272
6932010061822	爱牧云南优质小粒咖啡	125
6932010061839	营养快线	167
6932010061846	隆达葡萄籽油	112
6932010061853	乐纳可茄汁沙丁鱼罐头	33
6932010061860	金谷精品杂粮营养粥	47
6932010061877	华冠芝士微波炉爆米花	35
6932010061884	早苗栗子西点蛋糕	31
6932010061891	轩广章鱼小丸子	27
6932010061907	大嫂什锦水果罐头	11
6932010061914	雅比沙拉酱	2
6932010061921	山地玫瑰蒸馏果酒	3
6932010061938	旺旺雪饼	9
6932010061945	幸福方便面	19
6932010061952	日月腐乳	7
6932010061969	鹏泽海鲜锅底	9
6932010061976	万盛牌瓷砖	11
6932010062065	名片盒	1 255
6939261900108	好娃娃薯片	11

表 4-8 出库作业周报 6（物动量统计）

制表人：李毅　　　　　　　　　　　　　　　　　　　　　　　制表时间：2023 年 2 月 25 日

货品编码/条码	货品名称	出库量/箱
6901521103123	诚诚油炸花生仁	54

续表

货品编码/条码	货品名称	出库量/箱
6902774003017	金多多婴儿营养米粉	17
6903148042441	绿箭口香糖	66
6917878007441	婴儿纸尿裤	362
6918010061360	脆香饼干	124
6918163010887	黄桃水果罐头	33
6920855052068	利鑫达板栗	40
6920855784129	美年达汽水	555
6920907800173	休闲黑瓜子	27
6931528109163	婴儿湿巾	40
6932010061808	神奇松花蛋	66
6932010061815	兴华苦杏仁	224
6932010061822	爱牧云南优质小粒咖啡	177
6932010061839	营养快线	152
6932010061846	隆达葡萄籽油	117
6932010061853	乐纳可茄汁沙丁鱼罐头	37
6932010061860	金谷精品杂粮营养粥	42
6932010061877	华冠芝士微波炉爆米花	54
6932010061884	早苗栗子西点蛋糕	52
6932010061891	轩广章鱼小丸子	20
6932010061907	大嫂什锦水果罐头	15
6932010061914	雅比沙拉酱	11
6932010061921	山地玫瑰蒸馏果酒	1
6932010061938	旺旺雪饼	31
6932010061945	幸福方便面	9
6932010061952	日月腐乳	14
6932010061969	鹏泽海鲜锅底	22
6932010061976	万盛牌瓷砖	21
6932010062065	名片盒	1 134
6939261900108	好娃娃薯片	25

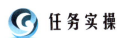

物动量 ABC 分析步骤

我们借助 Excel 表格进行数据加工和处理。

第一步，整理货物出库作业周报表，通过分类汇总的方法将其整合为一张出库作业周报总表。

第二步，按照由大到小的顺序对货物出库量（或周转量）进行降序

4.3 ABC 分类

排列。

第三步，计算货物品种和出库量所占百分比及累计百分比，如表 4-9 所示，并根据计算结果按照表 4-10 所示的标准完成货物 A 类、B 类和 C 类的划分。

根据操作规定，物动量 ABC 分析计算过程保留 2 位小数（四舍五入），如 12.34%。

表 4-9 物动量 ABC 分析

品种	货品编码/条码	货品名称	出库总量/箱	单项占比/%		累计占比/%		类别
				品种	出库量	品种	出库量	
1	6932010062065	名片盒	5 750	3.33	28.75	3.33	28.75	A
2	6920855784129	美年达汽水	3 100	3.33	15.50	6.66	44.25	
3	6917878007441	婴儿纸尿裤	2 210	3.33	11.05	10.00	55.30	
4	6932010061815	兴华苦杏仁	1 470	3.33	7.35	13.33	62.65	
5	6932010061822	爱牧云南优质小粒咖啡	1 000	3.33	5.00	16.66	67.65	
6	6932010061839	营养快线	980	3.33	4.90	20.00	72.55	B
7	6918010061360	脆香饼干	890	3.33	4.45	23.33	77.00	
8	6932010061846	隆达葡萄籽油	680	3.33	3.40	26.66	80.40	
9	6903148042441	绿箭口香糖	500	3.33	2.50	30.00	82.90	
10	6932010061808	神奇松花蛋	430	3.33	2.15	33.33	85.05	
11	6901521103123	诚诚油炸花生仁	400	3.33	2.00	36.66	87.05	
12	6931528109163	婴儿湿巾	320	3.33	1.60	40.00	88.65	
13	6920855052068	利鑫达板栗	270	3.33	1.35	43.33	90.00	
14	6932010061853	乐纳可茄汁沙丁鱼罐头	260	3.33	1.30	46.66	91.30	
15	6932010061860	金谷精品杂粮营养粥	240	3.33	1.20	50.00	92.50	C
16	6932010061877	华冠芝士微波炉爆米花	200	3.33	1.00	53.33	93.50	
17	6932010061884	早苗栗子西点蛋糕	190	3.33	0.95	56.66	94.45	
18	6932010061891	轩广章鱼小丸子	130	3.33	0.65	60.00	95.10	
19	6920907800173	休闲黑瓜子	120	3.33	0.60	63.33	95.70	
20	6918163010887	黄桃水果罐头	110	3.33	0.55	66.66	96.25	
21	6932010061938	旺旺雪饼	100	3.33	0.50	70.00	96.75	
22	6932010061945	幸福方便面	100	3.33	0.50	73.33	97.25	
23	6902774003017	金多多婴儿营养米粉	90	3.33	0.45	76.66	97.70	
24	6932010061952	日月腐乳	90	3.33	0.45	80.00	98.15	
25	6932010061969	鹏泽海鲜锅底	90	3.33	0.45	83.33	98.60	
26	6939261900108	好娃娃薯片	90	3.33	0.45	86.66	99.05	
27	6932010061907	大嫂什锦水果罐头	70	3.33	0.35	90.00	99.40	
28	6932010061976	万盛牌瓷砖	70	3.33	0.35	93.33	99.75	
29	6932010061914	雅比沙拉酱	30	3.33	0.15	96.66	99.90	
30	6932010061921	山地玫瑰蒸馏果酒	20	3.33	0.10	100.00	100.00	

表 4-10　ABC 分类法执行标准

累计品种所占比重/%	0<A≤15	15<B≤45	45<C≤100
累计出库量所占比重/%	0<A≤65	65<B≤90	90<C≤100

从表 4-9 中查找新入库 5 种货物的物动量 ABC 分析，整理结果如表 4-11 所示。

表 4-11　新入库商品物动量 ABC 分析

| 货品编码/条码 | 货品名称 | 出库总量/箱 | 单项占比/% | | 累计占比/% | | 分类 |
			品种	出库量	品种	出库量	
6932010062065	名片盒	5 750	3.33	28.75	3.33	28.75	A
6920855784129	美年达汽水	3 100	3.33	15.50	6.66	44.25	A
6932010061839	营养快线	980	3.33	4.90	20.00	72.55	B
6903148042441	绿箭口香糖	500	3.33	2.50	30.00	82.90	B
6932010061938	旺旺雪饼	100	3.33	0.50	70.00	96.75	C

本次计划入库货物中，名片盒、美年达汽水为 A 类货物，营养快线、绿箭口香糖为 B 类货物，旺旺雪饼为 C 类货物。

知识链接

1. ABC 分类法

1）ABC 分类法的定义

ABC 分类法又称帕累托分析法、主次因素分析法，它是根据事物在技术、经济等方面的主要特征进行分类，目的是要分清重点和一般，从而有区别地确定管理方式的一种分析方法。

2）ABC 分类法的理论依据

ABC 分类法的理论依据是"二八原则"，即通常企业 80% 的价值是由 20% 的产品创造的，所以在管理中应该抓住对事物起决定作用的少数关键因素，只有这样才能提高管理效率，增强管理效果，使企业在激烈的市场竞争中处于有利地位。ABC 分类法凭借其简单实用的特点已成为物流企业进行精益管理、提高效益的常用管理方法。

3）分类标准

对繁杂事务需要进行分类管理。要想分类，首先要确定分类标准，选什么作为分类标准取决于研究的目的及企业的特点，选择的标准不同，最后的分类结果也将不同。研究物流问题时，通常选物动量作为分类标准。所谓物动量，就是指一段时间内商品进出仓库的数量。

4）分类过程

首先对要分类的商品进行相关数据的收集和整理，然后对收集的数据按要求借助 Excel 进行处理加工，并做好相关计算。

5）管理 A、B、C 类货品

①A 类货品。

管理方式：尽量将库存压缩到最低（当然季节储备和涨价前的储备是不可避免的），提高资金周转率，能够使库保持最优的有效期，降低仓储管理费用。

订货方式：根据库存量与目标库存量的差额定期订货。小批量、多批次按需储存，在降低库存的前提下保证供给。

产品位置：临近进出口的最佳位置，便于搬运。

检查方式：每天检查，详细统计。

②B 类货品。

管理方式：按销量大小随时调整策略，控制存量。

订货方式：当库存达到最低库存量时，按量订货。

产品位置：仓库的次佳位置。

检查方式：每周检查，按品种统计。

③C 类货品。

管理方式：采用"双堆法"，即将产品分为两堆，一堆为经常库存，供日常发货用；另一堆为订货库存，单独存放。经常库存用完后，从订货库存储备物资。这样可以减少盘点库存的次数，节省精力。

订货方式：可以大量采购，争取价格上的优势，节省费用。

产品位置：仓库的相对较差位置。

检查方式：每月或季度检查，按总金额统计。

2. 物动量 ABC 分析意义

物动量 ABC 分析就是根据 ABC 分类法的原理对仓储货品进行分类管理。

A 类货物：周转量大，一般放置在货架的一层，便于开展出入库作业。

B 类货物：周转量大小一般，通常放置在货架的二层。

C 类货物：周转量相对较小，一般放置在货架的三层及较高位置。

帕累托 80/20 法则

帕累托 80/20 法则是 20 世纪初意大利统计学家、经济学家维尔弗雷多·帕累托提出的，他发现社会的一个不平衡现象，那就是 80% 的财富集中在 20% 的人手中。大多数人付出了很多时间和精力换取金钱，但是得到的钱也只是刚好够用；这 20% 的人用了较少的时间和力气，得到的回报却超过 80% 的人。

帕累托认为，在任何特定群体中，重要的因子通常只占少数（20%），而不重要的因子则占多数（80%），因此，只要能控制具有重要性的少数因子就能控制全局。典型的模式表明，80% 的产出源自 20% 的投入；80% 的结论源自 20% 的起因；80% 的收获源自 20% 的努力；80% 的成就取决于 20% 的行为。

素养园地

党的二十大报告中指出，实践告诉我们，中国共产党为什么能，中国特色社会主义为什么好，归根到底是马克思主义行，是中国化时代化的马克思主义行。

马克思主义中国化方法论，是理论与具体实际相结合的产物。

世界观：坚持人民至上，以深厚的人民情怀站稳人民立场，把握人民愿望，造福人民；坚持自信自立，坚持对中国特色社会主义的坚定信念，坚定道路自信、理论自信、制度自信、文化自信；坚持守正创新，要守"马克思主义立场观点方法"之正，守中国共产党人初心使命之正，以科学的态度对待科学、以真理的精神追求真理；坚持问题导向，始终聚焦实践遇到的新问题，不断探寻纾困之法与破局之策；坚持系统观念，在思考问题时突出前瞻性、谋划未来时突出全局性、推进工作时突出整体性；坚持胸怀天下，拓展世界眼光，聚焦世界之问，以海纳百川的宽阔胸襟，借鉴吸收一切人类优秀文明成果。

作为物流学子，我们要树立正确的世界观、人生观和价值观，奋发图强，学以致用，技能报国！

任务评价与分析

考核项目	具体内容及重点	得分	备注
出勤情况（15分）	迟到、早退各扣2分，无故旷课扣5分		
实训态度（35分）	上课认真听课，能按要求完成任务（10分）		
	作业美观大方（5分）		
	积极主动，能提出问题（10分）		
	相互协作，富有团队精神（10分）		
完成情况（50分）	汇总表正确（10分）		
	品种数占总百分比正确（7分）		
	出库量占总百分比正确（8分）		
	分类正确（15分）		
	累计百分比正确（10分）		
合计	—		
小组名称	小组成员		
教师评语			

工作任务三 货物组托与上架

任务描述

现有一批货物已经验收完毕，入库任务单如表4-12所示。仓储部门的理货员需根据入库任务单上的货物数量、包装规格、堆码要求等信息对货物进行堆码排列，请按照托盘利用率最大、奇偶压缝的原则进行组托，同时根据物动量 ABC 分析的结果，完成上架作业。

表4-12 入库任务单

序号	商品名称	包装规格（长×宽×高）/（mm×mm×mm）	单价/（元·箱$^{-1}$）	质量/kg	入库量	单位
1	名片盒	450×280×180	100	5	25	箱
2	营养快线	500×400×180	100	8	16	箱
3	旺旺雪饼	470×260×180	100	22	11	箱
4	绿箭口香糖	按现场实际入库货物包装规格组托	100	10	14	箱
5	美年达汽水	500×340×180	100	10	39	箱

任务实操

1. 货物组托

假如你是张明，请组织团队讨论如何完成入库任务单中不同货物的组托作业？你应如何设计组托方案？如何绘制组托示意图并完成实际组托作业呢？

4.4 组托作业

1）绘制组托示意图

已知货位和托盘的信息如下。

①重型货架（托盘货架）单货位承重≤500 kg。

②货位参考尺寸（长×宽×高）：第一层：1 125 mm×1 000 mm×1 010 mm；

　　　　　　　　　　　　　　第二层：1 125 mm×1 000 mm×1 040 mm；

　　　　　　　　　　　　　　第三层：1 125 mm×1 000 mm×960 mm。

③货位上架操作空间预留 150 mm。
④托盘质量为 20 kg/个。
⑤托盘参考尺寸（长×宽×高）：1 200 mm×1 000 mm×160 mm。

2）托盘码放示意图绘制规定

①用 Word 绘图功能绘制示意图。
②画出托盘码放的奇数层俯视图和偶数层俯视图。
③在示意图上标出托盘的长、宽尺寸（以 mm 为单位）。
④用文字说明堆码后的层数。
⑤用文字说明此类商品所需托盘的个数。
⑥将托盘上的货物以浅灰色填涂。
⑦货物组托时均需压缝。

假如你是张明，你要如何设计即将入库的六种货物的组托方案呢？

以名片盒为例设计组托方案，绘制组托示意图。

根据物动量分析的结果，名片盒为 A 类货物，应放在货架第一层，故无须考虑货位承重，但需要考虑货位高度。

组托层数 =（第一层货位高度 − 起升高度 − 托盘高度）÷单位货物高度
= (1 020−100−160)÷180≈4 层

因此，该货物最多可堆放 4 层，托盘每层放 9 箱，现需入库 25 箱，故需要一个托盘及一个货位。

张明和同事决定采用旋转交错式来对名片盒进行组托，因为这样可以最大化利用托盘面积，组托示意图见图 4-2。

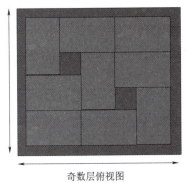
奇数层俯视图

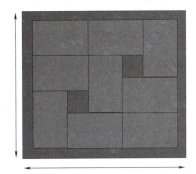
偶数层俯视图

图 4-2　组托示意图

组托情况要根据组托示意图和要入库的货物数量及货物高度来填写。从组托示意图可以看出，整托每层货物数量是 9 箱，货架限高是 1 020 mm，托盘高度为 160 mm，起升高度为 100 mm，单位货物高度是 180 mm，可以算出最多能码放 3 层，也就是整托每个托盘能码放 27 箱货物，需要入库的商品有 25 箱，也就是需要 1 个托盘，托盘第一、二层分别放 9 箱，第三层放 6 箱。具体组托情况如表 4-13 所示。

表4-13　名片盒基本组托情况

入库数量/箱	整托每层货物数量/箱	整托每托层数	所需托盘个数	整托每托所放货物数量/箱	散托所放货物数量/箱
25	9	3	1	17	6

需注意，货物绿箭口香糖未给出规格，需按现场实际入库的货物包装规格安排组托。这是结合实际作业中，有一些计划外货物入库，无法事先知道货物规格的情况下，考查仓管员临场发挥，目测估方、高效完成组托作业的能力。

3）RF手持终端操作

入库计划单确认后，登录RF操作界面。

第一步，进入系统"入库管理"，单击"入库作业"按钮，进入NOS-WMS-RF入库作业页面。

第二步，在NOS-WMS-RF入库作业页面，选择一个入库单状态是"待组托"的入库单，单击"组托"按钮，进入NOS-WMS-RF入库作业-组托界面。

第三步，在NOS-WMS-RF入库作业-组托界面，将光标移动到"托盘"的输入框内，用RF扫描托盘的标签。

第四步，扫描托盘标签后，将光标移动到"货品"的输入框内，用RF扫描货品的标签，扫描的货品的数量会自动显示在"数量"输入框中。扫描货品后，如果还会有货品放到此托盘上，则在"数量"输入框中输入相应的数量。

第五步，如果放到此托盘上所有货品扫描完成，单击"确定"按钮。

第六步，重复第三步、第四步和第五步，组托本入库单上其他的货品，本入库单所有货品组托完毕，单击"提交组托"按钮。

第七步，提交组托。

如果想取消用RF手持终端完成提交的组托，选择对应的入库单，单击"取消组托"按钮即可。

2. 入库上架

我们已经对入库货品进行了物动量ABC分析，也完成了货物的组托，接下来就要完成入库上架啦。假如你是入库操作员，请想一想如何将货物准确、高效、安全地放置到事先安排好的货位？有哪些注意事项呢？

4.5　上架作业

1）货物上架

以托盘式货架的排为单位，将货位储存情况反映在储存示意图上，在相应的货位上标注货物名称。货架储存货位示意图上填充为灰色的是本次入库的货物,透明色的为原期末库存,如图4-3所示。将A类货物放置在货架的一层,便于开展出入库作业;B类货物放置在货架的二层;C类货物放置在货架的三层及较高位置。若第一层的货位不足,考虑到同位性原则,将其放置于第二层。

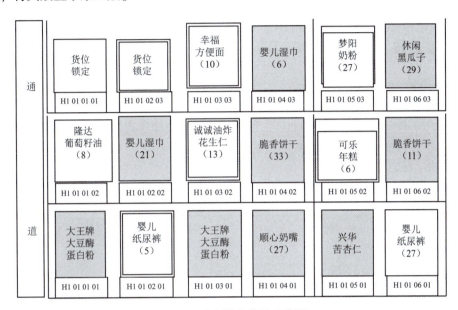

图4-3 货架储存货位示意图

2) RF上架

用RF手持终端对组托后的托盘(货品)进行上架。

第一步,在NOS-WMS-RF主界面,单击"入库作业"按钮,进入NOS-WMS-RF入库作业界面。

第二步,在NOS-WMS-RF入库作业界面,选择一个入库单状态是"已组托"的入库单,单击"上架"按钮,进入NOS-WMS-RF入库作业-上架界面。

第三步,在NOS-WMS-RF入库作业-上架界面,将光标移动到"托盘"的输入框内,用RF扫描托盘的标签。

第四步,扫描托盘标签后,将光标移动到"仓位"的输入框内,用RF扫描仓位的标签。

第五步,重复第三步和第四步,上架本入库单上其他的托盘,入库单所有托盘上架完毕,单击"提交上架"按钮。

第六步,提交上架。

3) 入库实操

仓管员用地牛完成一层货物的入库,用堆高机完成二层及以上货物的入库上架,避免碰撞、货物掉落等。

上架过程中,作业人员应注意操作的规范性及安全性,如设备停止后拉手刹,静止状态下要落叉,货叉上严禁载人,载荷不能超标等。

4）入库完成

对用 RF 手持终端提交上架后的入库单进行入库完成操作。单击"入库管理/入库完成"进入入库单打印列表界面；选择入库单号，单击"入库完成"按钮，系统提示"入库完成"；打印入库完成的入库单，单击"入库管理/入库单打印"进入入库单打印列表界面进行打印。

知识链接

1. 货物组托

1）组托的定义

组托是为了提高托盘利用率和仓库空间利用率，并方便库内装卸搬运，以托盘为载体把单件商品成组化（单元化）的过程。

2）货物组托方式

组托方式较多，具体见图 4-4。

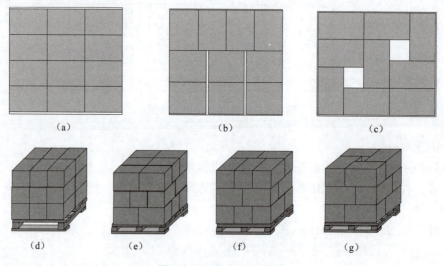

图 4-4 组托方式示意图

(a) 重叠式（平铺式）；(b) 交错式；(c) 旋转式；(d) 重叠式；
(e) 纵横交错式；(f) 正反交错式；(g) 旋转交错式

（1）重叠式

重叠式又称多层不交错堆码，它是在托盘上将货物按一个方向并列摆放，从最下层到最上层的摆放完全一致的堆码形式。其特点是货物的四个角上下对应，承载能力大，但由于各层货物之间未能啮合，货物间缺乏联系，容易引起垛间别离，货垛牢固性差。

（2）纵横交错式

该方式的相邻两层货物的摆放呈 90°，一层横向放置，另一层纵向放置。

与重叠式码放相似，该方式适合码放成方形垛，如奇数层所有货品都横向（或纵向）排列，偶数层所有货品都纵向（或横向）排列。其特点是货物之间的相互交错放置，增加了摩擦力，使层间有一定的啮合性，货垛相对稳固。

（3）正反交错式

正反交错式又称砖砌体堆码，它是同一层中不同列的货物以90°垂直码放，而层间呈180°进行堆放的方式。使用该方式摆放的货物上下左右均有联系，相邻层之间不重复，啮合强度较高，稳定性较强。但由于四个角一般不能相互对应，托盘的承重能力较弱。

（4）旋转交错式

旋转交错式又称中心留孔堆码，即每层货物间的堆码总体呈风车形，而层间货物互相啮合交叉（像两个旋转方向不同的风车，相邻边的货品相互垂直，相邻两层货品左右对称）。其优点是每两层货物交叉，使货物便于码放成正方形垛，货垛更加稳固，托盘货体稳定性高；缺点是码放难度大，且中间形成空穴，托盘表面积的利用率降低，托盘装载能力下降。

3）货物托盘的四大堆码要点

（1）受力面积合理

托盘进行货物堆码的时候需要打包好，根据货物的类型，选择合理的堆码方式，正确利用托盘的承重，承重面的利用面积尽量不低于80%。这样的好处是货物不易翻，更稳定。

（2）受力均匀

货物进行托盘堆码时，要尽量使托盘的受力面受力均匀。对于形状不规则、质量不稳定的货物，最好在托盘外表增加隔板，防止货物直接冲击托盘外表，造成货物及托盘损坏。

（3）固定打包

对于易散、易碎的货物，应打包固定，这样便于周转运输，使托盘货物在周转运输过程中不掉落，不散开。在货物包装外加保护层，并用缠绕膜固定，货物的安全会有更好的保障。

（4）码放合理

托盘货物应选择合理的码放方式，常见的货物包装有桶类包装、箱类包装、袋类包装、散装等。每种包装都有适合的码放规律，可以更有效地防止高空跌落。

2. 货物组托的要求

1）货物组托前的要求

①商品的名称、规格、数量、质量已全查清。

②商品已根据物流的需要进行编码。

③商品外包装完好、清洁、标志清楚。

④对于部分受潮、锈蚀以及发生质量变化的不合格商品，已加工恢复或已剔除。

⑤为便于机械化作业，准备堆码的商品已进行集装单元化。

2）组托操作中的要求

①堆码整齐，货物堆码后四个角呈一条直线。

②货物品种不混堆、规格型号不混堆、生产厂家不混堆、批号不混堆。

③堆码合理、牢固，要求奇偶压缝、旋转交错、缺口留中、整齐牢固。

④不能超出货架规定的高度。

⑤货物包装物边缘不允许超出托盘边缘20 mm。

⑥货物不允许出现倒置情况。

⑦组托过程中要准确地核实货物的相关信息，如货物品种、数量正确与否，以防止错误

的货物混入。

⑧货物标签向外码放（纵式两边向外，旋压式四边向外）。

⑨搬箱子时，货物所有箱子高度不得影响搬运员的视线范围。

3. 货物的组托示意图绘制

1）示意图的类型

①主视图：指从正前方观察并完成绘制的组托货物示意图。

②俯视图：指从上方观察并完成绘制的组托货物示意图，在绘制时要注意最后一层的货物摆放。

③奇数层俯视图：指第1、3、5…层的货物摆放示意图。

④偶数层俯视图：指第2、4、6…层的货物摆放示意图。

2）组托方式的计算

①计算托盘每层最大摆放数量。

已知标准托盘尺寸1 000 mm×1 200 mm，货物尺寸长×宽，有

$$托盘每层最多摆放数量 = 托盘面积 \div 货物底面积$$

根据托盘面积计算出每层最多码放的箱数仅作为参考，实际每层最多码放数量要根据货物组托要求和组托方式来决定。

a. 高度限制：允许托盘货物高度（托盘高度、货物高度、操作空间、每层货架净层高），包装限高层数。

b. 质量限制：托盘质量+货物质量≤货位承重。

$$每托最多码放层数 = (货架每层高度 - 货物的提升距离 - 托盘高度) \div 货物外包装高度$$

$$每托最多码放数量 = (货位承重 - 托盘质量) \div 单体毛重$$

②画出每层的摆放示意图。

③如果是整托，每层货物摆放数量一致；如果是散托，注意最后一层货物的摆放方式（摆放时需要注意居中摆放）。

3）示意图的绘制步骤

①计算（如前），包括所需托盘总数、整托每托货物数量、散托货物数量和每层货物摆放方式等。

②用文档工具或专业绘图工具绘制示意图，托盘尺寸和货物尺寸按比例绘制，并在图中标识。

③为示意图配上合适的文字说明。

应注意，组托没有万能的公式，更多是依靠经验和简单的试算，也可以借助装箱软件完成。一般情况下，每层都有横竖两种码放形状，要通过试算达到在满足要求的前提下尽可能多地码放货物，这样才能提高设备设施的利用率，从而提高效率、降低成本。

4）组托示意图绘制要求

①画出托盘码放的奇数层俯视图和偶数层俯视图。

②在图上标出托盘的长、宽尺寸，以mm为单位。

③用文字说明堆码后的层数。

④用文字说明此类商品所需托盘的个数。

⑤将托盘上的货物以浅灰色填涂。

知识拓展

装箱软件

在线装箱软件可以为用户提供货物装载和集装箱优化方案,根据用户输入的货物信息,自动生成最佳装箱方案,最大限度利用集装箱内部空间,降低物流成本。

常用的装箱软件有以下几种。

1. 悠闲装箱

悠闲装箱提供货物打托计算、装箱模拟计算、装箱模拟、重心计算、多式联运支持等功能。该软件可以生成装箱指导图,帮助指导装箱现场;支持批量修改方案、手机实时查看装箱指导。

2. Pack App

Pack App 是一款基于 Web 的装箱软件,支持在集装箱、卡车和仓库中进行货物装载计算。

3. Pack Vol

Pack Vol 是一款用于计算货物在集装箱或卡车中的最佳布局的软件,它提供可视化的装箱模拟功能,帮助用户优化装载,提高装箱效率。

4. Pallet Stacking

Pallet Stacking 是一款用于托盘和货物装载计划的软件,支持多种不同的货物类型。

素养园地

习近平总书记在党的二十大报告中指出:"团结就是力量,团结才能胜利。全面建设社会主义现代化国家,必须充分发挥亿万人民的创造伟力。"全面建设社会主义现代化国家、全面推进中华民族伟大复兴,必须不断巩固全国各族人民大团结,加强海内外中华儿女大团结,形成同心共圆中国梦的强大合力。

九层之台起于累土,在物流组托作业中,需要我们发扬团队合作、精益求精的精神,真正做到物尽其用,最大化利用托盘面积。

任务评价与分析

考核项目	具体内容及重点	得分	备注
出勤情况(15分)	迟到、早退各扣2分,无故旷课扣5分		
实训态度(35分)	上课认真听讲,能按要求完成任务(10分)		
	作业美观大方(5分)		

续表

考核项目	具体内容及重点	得分	备注
实训态度（35分）	积极主动，能提出问题（10分）		
	相互协作，富有团队精神（10分）		
任务完成（50分）	组托货物摆放整齐、美观、牢固（15分）		
	在满足要求的前提下，使用托盘的数量尽量减少（15分）		
	组托表格填制正确（20分）		
合计	—		
小组名称		小组成员	
教师评语			

工作任务四　盘点作业

任务描述

入库作业已经完成,仓管员是不是就可以睡大觉了?当然不是,张明深知货物入库后要对货物进行妥善保管,并采取必要的养护措施,保证商品的质量。通过盘点作业,可以确认仓库的现存量和企业损益,核实管理成效。此时,融通仓库收到某一客户的盘点通知,要求2022年7月10日前提交6月份库存盘点报表。供应商对盘点工作提出几个要求:①提供2022年1—6月份家用电器的库存周转率;②系统账面数量与实际数量相符,如有差异,则需对差异进行分析;③制订库存准确率报表,内容需包含库位准确率和拣选位准确率,目标考核比率为库位准备率100%和拣选位准确率95%。假如你是张明,你应该如何完成本次盘点作业呢?盘点的任务与分工应如何安排?

任务实操

任务分析

①盘点对象:家用电器。
②盘点内容:库存数量,账实核对。
③时间要求:2022年7月10日前。
④盘点绩效要求如下。

a. 盘点准确率。盘点准确率是评估仓库盘点的最基本指标之一,其计算方法为盘点准确率=(实际盘点数−理论盘点数)÷理论盘点数×100%。

b. 盘点效率。盘点效率是指仓库工作人员在指定时间内完成的实际盘点数量,其计算方法为盘点效率=实际盘点数÷盘点用时。

c. 盘点质量。盘点质量是指在盘点过程中,仓库人员按照规定流程和程序,正确地完成盘点工作,且生成的盘点结果符合规定标准。

任务实施

1. 接受盘点任务

接收盘点任务单,并确定盘点任务与要求。

2. 分析盘点要求

根据所接收的盘点任务单,对盘点任务进行分析。该盘点任务有以下几个要点。

①盘点对象:家用电器。
②盘点内容:库存数量,账实核对。
③盘点时间要求:2022年7月10日前。

3. 制定盘点策略

1)编制盘点作业计划

根据供应商的要求,结合实际情况,拟按照以下步骤实施盘点。

①明确客户的盘点任务要求。在分析盘点要求的基础上，明确具体要求，尤其要关注是否有特殊要求。

②确定盘点范围及基准日期。根据供应商要求，本次盘点范围为家用电器，基准日期为 2023 年 1 月 1 日—2023 年 6 月 30 日。

③确定盘点方式及盘点日期。本次盘点为半年盘点，因此，盘点方式为现场盘点与系统盘点相结合，盘点日期确定在 2023 年 6 月 30 日 20:00—7 月 1 日 10:00。

④成立盘点小组。根据具体班组上班情况，以主管为盘点小组组长，以当天晚班当班、次日白班及次日轮休等人员组成盘点小组，采取分区的方式，进行任务下达。

⑤拟定盘点日程表。

⑥召开盘点前会议。在盘点实施前，召开盘点会议，明确盘点要求与盘点内容。

⑦实施盘点。按盘点日程及成员分工进行盘点作业。

⑧差异处理。结合现场盘点与系统盘点，对比盘点结果，确定是否有误差，如有误差，则需要按公司相应规定进行差异处理。

⑨生成盘点报表。结合客户盘点 KPI 管理要点，与实盘结果对应，并输出报表。

2）确定盘点内容

据客户指定的盘点绩效目标，本次盘点报表包含库存周转率、系统账面数量与实际数量相符程度、库位准确率。

库存周转率计算公式如下：

$$库存周转率 = 周期内物品出库总量 / 周期内物品平均库存量$$

系统账面数量与实际数量相符程度、库位准确率，即账实核对、账卡核对，需对比得出需要的数值。

因此，根据盘点报表要求，本次盘点的内容有数量盘点、账面盘点、账实核对、账卡核对等。

3）确定盘点方式

①人机盘点。通过 WMS（仓储管理系统），利用 RF 手持终端进行人机配合盘点。

②人工盘点。人工盘点作业常用三人小组法。选择盘点人员，每组三人，根据工作量和时间要求组成若干小组。盘点开始后，第一人按盘点任务对物品进行盘点，并将盘点结果记入盘点表；第二人对第一人完成的作业进行复盘；第三人负责核查前两人的盘点数据。

4. 实施盘点作业

根据盘点策略与盘点内容要求，执行盘点作业，填写表 4-14。

表 4-14 盘点表

序号	物料编号	物料名称	规格	单位	期初数量	入库数量	出库数量	结存数量	复盘数量	抽盘数量	盈亏数量	盈亏原因	备注

知识链接

1. 盘点

1）盘点的概念

盘点又称盘库，即用清点、过秤和对账等方法，检查仓库实际存货的数量和质量。

2）盘点的作用

账货相符、安全质量、经济核算、责任监督。

3）盘点的任务

①查清实际库存量是否与账卡相符。

②查明库存发生盈亏的真正原因。

③查明库存货物的质量情况。

④查明有无超过储存期限的库存。

4）盘点的内容

数量、质量、环境、状态。

5）盘点方式

（1）账面盘点

账面盘点又称永续盘点，就是把每天出入库货物的数量及单价记录在计算机或账簿的存货账卡上，并连续计算汇总出账面上的库存结余数量及库存金额，这样随时可以从计算机或账册上查询货物的出入库信息及库存结余量。

（2）现货盘点

现货盘点又称实地盘点或实盘，是去库内清点数量，再依货物单价计算出实际库存金额的方法。

现货盘点按盘点时间频率的不同又可分为期末盘点和循环盘点。期末盘点是指在期末统一清点所有货物数量的方法；循环盘点是指每天、每周清点一小部分商品，在一个循环周期将每种货物至少清点一次的方法。

①期末盘点。由于期末盘点是将所有货物一次点完，因此工作量大、盘点要求严格。期末盘点通常采取分区、分组的方式进行，其目的是明确责任，防止重复盘点和漏盘。分区即将整个储存区域划分成一个一个的责任区，不同的责任区由专门的小组负责点数、复核和监督，因此，一个小组通常至少需要三人负责。第一人负责点数并填写盘点表，第二人负责复查数量并登记复查结果，第三人负责核对前两次盘点数量是否一致，对不一致的结果进行检查。待所有盘点结束后，再与计算机或账册上的账面数进行核对。

②循环盘点。循环盘点通常对价值高或重要的货物盘点的次数较多，监督也严密一些，而对价值低或不太重要的货物盘点的次数较少。循环盘点一次只对少量货物进行盘点，所以通常只需保管人员自行对照库存资料进行点数检查，发现问题后按盘点程序进行复核，并查明原因，然后调整，也可以采用专门的循环盘点单登记盘点情况。

6）盘点作业注意事项

（1）盘点前准备工作

①盘点前应确定各盘点人员的具体工作，以确保盘点工作顺利进行。

②确定盘点的截止日期为每月的最后一天。在截止日期前后，货物的进出，包括领用、

报废、在途货物的情况都要在账上反映,确保账、卡、货存量一致。

③准备好盘点标签,在标签上准确填写货物名称、存放地点。

④库内货物分类摆放整齐。同类货物集中在一起,合格品与不良品要分开存放,以便盘点。

⑤盘点期间停止一切货物的进出仓。

⑥合格品与不良品应分开存放,分开清点,并在盘点标签上分开记录。

⑦对于散装货物,如账上有具体数量的,应认真清点;如刚进仓,一时未入账的,应暂时写上箱数,并标明原因。

⑧对于散装货物,原封包装的可以不开箱;未封封条的一定要开箱清点,并于清点之后在箱子表面标明箱内个数。

(2) 盘点实施

①注意避免区域确认错误。盘点时应再次确认作业人员所在的盘点区域正确无误。

②真实准确记录清点过程。保证现场盘点的准确性和真实性,以便在后期核查时,可以更加快速地找出错误出现的根源。

③现场盘点时,除了要记录货位上货物的数量,还要正确处理盘点过程中发现的异常情况。

(3) WMS 盘点

①入库时盘点。将数据和库位记录到系统,确保源头准确。

②提前制订盘点计划。将盘点任务安排妥当,合理分配区域,并将任务指派到人。

③将业务暂停。按库位或者商品将所有货品数目清点一遍。

④配合手持终端(PDA)盘点。通过系统指引,使用 PDA 扫描库位或商品,系统会自动识别货品,然后将货品数目清点后输入 PDA 做记录。

⑤复盘。系统将自动对比实际库存数据与账面数据,提示异常信息,账物不符时,将提示仓管员进行复盘。

(4) 库存盘盈和盘亏处理

①查找原因。对于盘盈和盘亏的原因进行仔细排查,包括人为操作失误、记录错误、偷盗等,有针对性地进行解决。

②调整账面数据。根据实际情况对账面数量进行调整,确保账面数量与实际数量相符。

③反映在财务报表上。将盘盈和盘亏的金额反映在相应的财务报表上,比如库存账户、损益账户等。

④制定规范管理制度。制定规范的库存管理制度,包括库存监管、调拨等规定,确保库存数量的准确性和合规性。

⑤做好内部控制。建立健全的内部控制机制,比如资产保护制度、审计制度等,提高盘点的准确性。

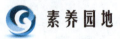
素养园地

习近平总书记在党的二十大报告中强调,全党同志务必不忘初心、牢记使命,务必谦虚谨慎、艰苦奋斗，务必敢于斗争、善于斗争。

"不忘初心、牢记使命"，党才能始终成为中国特色社会主义事业的坚强领导核心，要以"革命理想高于天"的政治情怀，筑牢信仰之基，始终推动党的自我革命，以更加自觉的历史主动性践行党的初心使命；"谦虚谨慎、艰苦奋斗"，党才能始终与人民同呼吸、共命运、心连心，要以"俯首甘为孺子牛"的为民情怀，锻造优良作风，放下架子服务群众，俯下身子倾听民声，沉下心来干事创业；"敢于斗争、善于斗争"，党才能团结带领全国各族人民不断打开事业发展新天地，要以"敢教日月换新天"的斗争情怀，展现担当作为，面对惊涛骇浪敢于斗争、善于斗争，以"宜将剩勇追穷寇，不可沽名学霸王"的豪情壮志，勇于胜利。

任务评价与分析

考核项目	具体内容及重点	得分	备注
出勤情况（15分）	迟到、早退各扣2分，无故旷课扣5分		
实训态度（35分）	上课认真听课，能按要求完成任务（10分）		
	作业美观大方（5分）		
	积极主动，能提出问题（10分）		
	相互协作，富有团队精神（10分）		
完成情况（50分）	盘点作业计划制订正确（20分）		
	盘点操作规范正确（20分）		
	盘点表单填写正确（10分）		
合计	—		
小组名称	小组成员		
教师评语			

工作任务五　出库作业

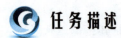

任务描述

2022年5月31日，融通仓库接到美麟、美鄢、美来、美福四家客户的采购订单，如表4-15~表4-18所示。客户要求3天内按时发货。由于供应商举办周年庆活动，在此期间举办优惠活动：订单金额满一万元享受9折优惠；订单金额满一万五千元享受8.5折优惠；订单金额超过两万元享受8折优惠。接到订单，仓库主管张明非常激动，因为这是他第一次处理出库作业，他也很紧张，怕不能让客户满意。如果你是张明，你该如何保质保量高效地完成此次出库作业呢？

表4-15　客户订单——美麟公司采购订单

订单编号：D202305121501　　　　　　　　　　　　　　　　订货时间：2023.2.25

序号	商品名称	单位	单价/元	订购数量	金额/元	备注
1	名片盒	箱	200	4	800	
2	绿箭口香糖	箱	50	4	200	
3	白菜碟	个	10	5	50	
4	虎娃卷笔刀	个	5	2	10	
5	白板笔	个	5	2	10	
	合计			17	1 070	

表4-16　客户订单——美鄢公司采购订单

订单编号：D202305121502　　　　　　　　　　　　　　　　订货时间：2023.2.25

序号	商品名称	单位	单价/元	订购数量	金额/元	备注
1	营养快线	箱	100	4	400	
2	绿箭口香糖	箱	100	6	600	
3	农夫山泉	瓶	5	1	5	
4	七喜雪碧	瓶	5	2	10	
5	兔子橡皮擦	个	5	1	5	
6	创思修正带	个	5	1	5	
7	高级商用笔记本	个	20	2	40	
	合计			17	1 065	

项目四 执行仓储作业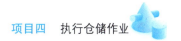

表 4-17 客户订单——美来公司采购订单

订单编号：D202305121503　　　　　　　　　　　　　　　　　　订货时间：2023.2.25

序号	商品名称	单位	单价/元	订购数量	金额/元	备注
1	美年达汽水	箱	50	4	200	
2	绿箭口香糖	箱	100	5	500	
3	名片盒	箱	200	2	400	
4	农夫山泉	瓶	3	2	6	
5	天卓橡皮擦	个	5	5	25	
6	阿狸直尺	个	5	2	10	
7	高级商用笔记本	个	5	1	5	
	合计			21	1 146	

表 4-18 客户订单——美福公司采购订单

订单编号：D202305121504　　　　　　　　　　　　　　　　　　订货时间：2023.2.25

序号	商品名称	单位	单价/元	订购数量	金额/元	备注
1	婴儿美奶粉	箱	100	6	600	
2	可乐年糕	箱	100	3	300	
3	兴华苦杏仁	箱	100	2	100	
4	隆达葡萄籽油	箱	100	1	100	
5	可口可乐零度 500 mL	瓶	50	6	300	
6	龙志 3 号仙鹤尖匙	把	50	2	100	
7	清亮牙签牙线	包	50	5	250	
8	丫丫黑梳	包	50	2	100	
9	水晶刷	把	50	2	100	
10	清亮一次性雨衣	件	50	2	100	
11	机动车行驶驾驶证	本	50	2	100	
12	美目眼线贴	包	50	3	150	
13	澳娃 120 记号笔	支	50	2	100	
14	好帮手洗澡巾	个	50	3	150	
15	伊藤园浓茶绿茶饮料 500 mL	瓶	50	2	100	
16	乐虎氨基酸维生素功能饮料 250 mL	瓶	50	2	100	
	合计			45	2 750	

133

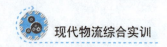

任务实操

张明立刻召集仓储工作人员开会,研究如何编制出库作业计划,保证顺利完成本次出库任务。

经过大家的一致讨论,首先要解决两个问题。

第一,影响入库计划编制的因素有哪些?

第二,如何做到又快又好地作业?

为了搞清楚这两个问题,大家集思广益,讨论出库作业的流程,最后大家达成一致意见,确定了出库作业流程(见图4-5)。

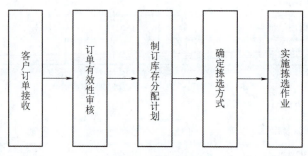

图4-5 出库作业流程

1. 客户订单接收

依据订单处理周期规定,接收并整理客户订单。

2. 订单有效性审核

1)分析订单有效性

查询客户档案(表4-19~表4-22),对客户订单逐一分析,判断订单是否有效,仅将有效订单纳入拣选计划的编制,无效订单予以锁定。

表4-19 客户档案——美麟

客户编号			2009012403			
公司名称		美麟公司		助记码		MLL
法人代表	×××	家庭地址	天津市滨海区××街××村×-×××	联系方式		022-3343××××
证件类型	营业执照	证件编号	12010378934××××	营销区域		华北地区
公司地址		天津市滨海区××道×号		邮编	300026	联系人	×××
办公电话	022-8264××××		家庭电话	022-3782××××	传真号码	022-8264××××
电子邮箱	—		QQ账号	73849××××	MSN账号	—
开户银行		海河银行滨海支行		银行账号		156633151029××××
公司性质	民营	所属行业	零售	注册资金	400万元	经营范围	食品、日用百货
信用额度	160万元	忠诚度	较高	满意度	高	应收账款	152.5万元

续表

客户类型	重点型		客户级别	B
建档时间	2009 年 1 月		维护时间	2015 年 6 月
WEB 主页	—			
备注：				

表 4-20 客户档案——美鄢

客户编号	2008160902							
公司名称	美鄢公司				助记码		MY	
法人代表	×××	家庭地址		天津市南口区×××11-3-×××		联系方式		022-2765××××
证件类型	营业执照	证件编号		12010875437××××		营销区域		塘汉大
公司地址	天津市西城区晚霞路43号				邮编	300587	联系人	×××
办公电话	022-2387××××		家庭电话		022-2865××××		传真号码	022-2387××××
电子邮箱	—		QQ 账号		211546××××		MSN 账号	—
开户银行	津广银行				银行账号		535789976××××	
公司性质	中外合资	所属行业	零售业		注册资金	3 600 万	经营范围	食品、日用品
信用额度	190 万元	忠诚度	高		满意度	高	应收账款	178 万元
客户类型	伙伴型				客户级别		A	
建档时间	2008 年 8 月				维护时间		2015 年 4 月	
WEB 主页	—							
备注：								

表 4-21 客户档案——美来

客户编号	2004030123							
公司名称	美来公司				助记码		ML	
法人代表	×××	家庭地址		天津市北开区××5-2-×××		联系方式		022-6655××××
证件类型	营业执照	证件编号		12010675478××××		营销区域		天津市区
公司地址	天津市西城区××路××号				邮编	300875	联系人	×××
办公电话	022-2865××××		家庭电话		022-6433××××		传真号码	022-2865××××
电子邮箱	—		QQ 账号		875388××××		MSN 账号	—

续表

开户银行	新华商业银行			银行账号		8643989642××××	
公司性质	民营	所属行业	零售业	注册资金	1 200万元	经营范围	食品、办公用品
信用额度	150万元	忠诚度	高	满意度	较高	应收账款	142万元
客户类型	重点型			客户级别	A		
建档时间	2006年5月			维护时间	2015年6月		
WEB主页	—						
备注:							

表4-22 客户档案——美福

客户编号	2003020106						
公司名称	美福公司			助记码		MF	
法人代表	×××	家庭地址	天津市海河区××街××5-×××		联系方式	022-3355××××	
证件类型	营业执照	证件编号	12021343256××××		营销区域	京津塘	
公司地址	天津市海河区××大厦××-×-×			邮编	321349	联系人	×××
办公电话	022-3829××××		家庭电话	022-5346××××		传真号码	022-3829××××
电子邮箱	—		QQ账号	50596××××		MSN账号	—
开户银行	招商银行海河支行			银行账号		9372528903××××	
公司性质	民营	所属行业	零售	注册资金	300万元	经营范围	日用品、食品
信用额度	9万元	忠诚度	一般	满意度	高	应收账款	8.95万元
客户类型	普通			客户级别	B		
建档时间	2003年2月			维护时间	2015年6月		
WEB主页	—						
备注:							

订单有效性判定的依据主要有以下几方面。

（1）客户名称

订单客户应与商务审核以及系统中的客户名称相符，否则视为无效订单并锁定，事后由商务部门与客户沟通确认。本次订单经张明主管审核，确认订单客户信息无误。

（2）信用额度

查询客户档案可知，每位客户都有相应的信用额度，对订单有效性判断的规则为：若应收账款与本次订单额之和大于信用额度则视为无效订单，反之则为有效订单。

分析可知，美福公司累计应收账款超过信用额度，因此该公司订单为无效订单（见表4-23），无效订单处理见表4-24。

表4-23 订单有效性分析

客户名称	美麟公司	美鄢公司	美来公司	美福公司
信用额度/万元	160	190	150	9
应收账款/万元	152.5	178	142	8.95
订单金额/万元	0.107	0.106 5	0.125	0.275
累计应收账款/万元	152.607	178.106 5	142.114 6	9.225
差额/万元	7.393	11.893 5	7.885 4	-0.225
客户类型	重点型	伙伴型	重点型	普通
是否有效	有效	有效	有效	无效

表4-24 无效订单处理

客户名称	无效原因	处理方式
美福公司	累计应收账款超过信用额度，且客户类型为普通型	告知客户无效原因，待补足货款后再确定订单有效性
处理日期：		主管签字：

确定完客户有效订单，张明让单证员查询了一下库存量，发现仓库里部分货物现有的数量无法完全满足所有客户，可能存在缺货情况，这又让张明犯难了，这可怎么办？都是公司的客户，到底应该优先满足谁呢？

2）分析客户优先权

当库存商品数量不能满足客户订单需求时，应首先满足优先权高的客户，故需分析客户优先权（见表4-25）。

表4-25 客户优先权分析

客户名称	美麟公司	美鄢公司	美来公司
客户类型	重点型	伙伴型	重点型
客户级别	B	A	A
忠诚度	较高	高	高
满意度	高	高	较高

为方便分析计算，对上述指标进行量化处理。

①客户类型分为母子公司、伙伴型、重点型、一般型、普通型，分别赋值5、4、3、2、1。

②客户级别分为A、B、C，分别赋值3、2、1。

③忠诚度分为高、较高、一般、低、较低，分别赋值2、1、0、-2、-1。

④满意度分为高、较高、一般、低、较低，分别赋值2、1、0、-2、-1。

根据相关专家建议，对上述指标赋予不同的权重：客户类型0.4，客户级别0.3，忠诚度0.2，满意度0.1。

由表 4-26 可知，客户优先权顺序为美鄢公司、美来公司、美麟公司。

表 4-26 客户优先权赋值

客户名称	美麟公司	美鄢公司	美来公司
客户类型（0.4）	3	4	3
客户级别（0.3）	2	3	3
忠诚度（0.2）	1	2	2
满意度（0.1）	2	2	1
得分	2.2	3.1	2.6

3. 制订库存分配计划

根据客户订单，查询库存情况，再按照客户优先权，针对有效订单，张明制订了库存分配计划，如表 4-27 所示，为客户进行库存分配。

表 4-27 库存分配计划

商品名称	单位	订单数量			订单总量	库存数量	结余数量	储存位置
		美麟公司	美鄢公司	美来公司				
营养快线	箱		4		4	14	10	重型货架
绿箭口香糖	箱	4	6	5	15	14	-1	
名片盒	箱	4		2	6	26	20	
旺旺雪饼	箱			4	4	21	17	
农夫山泉	瓶		1	2	3	18	15	货到人货架
七喜雪碧	瓶		2		2	15	13	
白菜碟	个	5			5	7	2	电子标签货架
虎娃卷笔刀	瓶	2			2	7	5	
白板笔	瓶	2			2	7	5	
兔子橡皮擦	个		1		1	7	6	
创思修正带	个		1		1	7	6	
天卓橡皮擦	个			5	5	7	2	
阿狸直尺	个			2	2	7	5	
高级商用笔记本	个	2	1		3	9	6	

存在缺货情况，张明对缺货情况做出的处理如表 4-28 所示。

表 4-28 缺货订单处理

序号	商品名称	客户名称	处理方式
1	绿箭口香糖	美麟公司	与客户进行沟通，待取得客户同意后延迟发货
处理日期：			主管签字：

4. 确定拣选方式

根据客户订单品项、库存分布情况，以提高拣选效率、降低拣选成本为原则，确定本次拣选方式为摘果式拣选，即按订单拣选。

5. 实施拣选作业

根据客户所要求的发货时间，采用相应的拣选方式，制作拣选单，实施拣选作业。

本次拣选作业采用批量拣选和按订单拣选相结合的方式。为提高拣选效率，优化拣选路径，根据客户订单，制定如下拣选单。

通过重型货架分配表，我们可以得到需要出库的货物，然后根据先进先出和尽量释放货位的原则进行货物拣选，拣选单如表 4-29～表 4-32 所示。

4.7 重型货架出库实操

4.8 其余库区出库实操

表 4-29 拣选单 1

货品名称			绿箭口香糖				
货位地址			H1-01-03-02		拣选数量	15	
序号	公司名称	订单编号	包装规格		数量	月台	备注
			箱	件			
1	美麟公司	D202305121501	箱		4	1	
2	美鄢公司	D202305121502	箱		6	2	
3	美来公司	D202305121503	箱		5	3	

表 4-30 拣选单 2

货品名称			名片盒				
订单编号			D202305121501		拣选数量	6	
序号	公司名称	货位地址	包装规格		数量	月台	备注
			箱	件			
1	美麟公司	H1-01-04-01	箱		4	1	
2	美来公司	H1-01-03-01	箱		2	3	

表 4-31 拣选单 3

公司名称			美来公司			
订单编号			D202305121503	拣选数量	4	
序号	货品名称	货位地址	包装规格	数量	月台	备注
1	旺旺雪饼	H1-01-01-03	箱	4	3	

表 4-32 拣选单 4

公司名称			美鄢公司		
订单编号		D202305121502	拣选数量	4	
序号	货品名称	货位地址	包装规格	数量	月台	备注
			箱	件			
1	营养快线	H1-01-01-02	箱		2	2	
2		H1-01-02-02	箱		2		

拣选好货物之后，我们需要将货物分配到月台上，一般以装车顺序来分配月台（见图 4-6）。

```
┌──────────┐    ┌──────────┐    ┌──────────┐
│  1号月台  │    │  2号月台  │    │  3号月台  │
│  美麟公司 │    │  美鄢公司 │    │  美来公司 │
└──────────┘    └──────────┘    └──────────┘
```

图 4-6 月台分配示意图

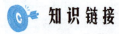
知识链接

1. 出库作业计划编制的影响因素

①订单量。

②订单处理周期。

③订单有效性判断。

④库存情况。

⑤EIQ 分析的结果。

EIQ 分析是物流中心的 POS 系统进行物流系统的系统规划，从客户订单的品类、数量与订购次数等观点出发，进行出货特征的分析。EIQ 分析就是利用 E（订货件数 Entry）、I（货品种类 Item）、Q（数量 Quantity）三个物流关键因素来研究物流系统的特征，以进行基本的规划。

2. 拣货方式

经验数据显示，一般仓库（或配送中心）中，与拣货作业直接相关的人力占 50% 以上，拣货作业的时间也占整个仓库作业周期的 30%～40%，是仓库最为消耗资源的工作。因此，有必要分析一下拣货技术，以寻求改善机会。

1）拣货技术

人到货：人带车辆到货架进行拣货。

货到人：人不动，货架移到人跟前或类似方式完成拣货。

自动分拣：全自动，无须人工拣货。

2）拣货模式

①播种式拣选法。把多份订单集合成一批，把其中每种商品的数量分别汇总，再逐个品种对所有客户进行分货（形似播种），适用于品种不超过 50 种的订单。这种方法在有的 WMS 里称为波次拣货，主要适合订单在一定的时间段内下达或需要满足装车离开的情况。

②摘果式拣选法。针对每一份订单（每个客户），拣货人员或设备巡回于各个货物储位，将所需的货物取出（形似摘果），其特点是每人每次只处理一份订单（或一个客户），适合每张订单量不大的情况。

3）拣货方式

①单人纸质化拣货法。一个人拿一张纸质订单，跑遍全仓库进行拣货的方法，是仓库传统的工作方式。

②分区拣货法。将存货面积分成几个区，自己区域的管理人员负责拣选相应的货品，是现在仓库所用的方式。

③分类式拣货法。一次进行多张订单同时拣货，货放到随身车子的不同层里或不同框子里，每个框子或层属于不同的订单，相当于结合了摘果式和播种式两种拣选方式。

④S 路径拣货法。货架两侧的货位采用城市道路门牌号的编排方式，即一个货架通道里，一侧为双号，另一侧为单号，走一趟就把这一通道里所有的货拣完，然后其他通道照此操作，整个拣货过程的行走路线呈 S 形。这种方法需要 WMS 把拣货单上的商品按实际的货位顺序排列好。

⑤蚂蚁拣货法。靠近起点的称为上游，靠近终点的称为下游。每个拣货员从上游接过订单和拣货车，沿着拣货路线进行拣货，直到遇到回来拿订单的下游拣货员，把订单和拣货车移交给他，自己则往回走，直到遇到上游拣货员，又开始一个新的循环。每个拣货员都在上游和下游的同伴之间做往复运动，而非在固定区域之间，交接点可能每次都在不同的地方。

⑥扫码拣货法。在无线手持终端 PDA 上发出指令进行拣货。拣货员根据提示，来到相应货位将商品取下，扫描货品条码，确认无误后，点好具体数量，并在无线手持终端上确认。一条指令确认完成后，系统自动跳出下一个货位的拣货指令，直到该订单全部拣货完成。

⑦语音拣货法。系统发出第一条拣货指令，提示货位、商品和数量，拣货员拿货后，回复完成。系统提示下一条指令，直到该单全部拣货完成。

⑧按灯拣货法。这种方法是利用一组安装在货架储位上的电子设备，通过计算机与软件的控制，借由灯光作为辅助工具，引导工人完成拣货工作的方法。

⑨电子标签拣货法。在拣货操作区中的所有货架上，为每一种货物安装一个电子标签，并与系统的其他设备连接成网络；控制计算机可根据货物位置和订单数据，发出出货指示，并使货架上的电子标签亮灯，操作员根据电子标签所显示的数量完成拣货作业。

张明对这几种拣货方法逐一进行了分析：扫码拣货法不错，但在库商品有 30% 以上没条码，自己贴码工作量过大；S 路径拣货法挺好，但仓库里货摆得太满，货架仅一端有出口，无法实现；语音拣货法能用，但需要较大的投资。看来只能寄希望于以后更换仓库时，再采用新的拣货技术，张明又郁闷了！

3. 拣货策略

决定拣货策略的四个主要因素为分区、订单分割、订单分批、分类，四个因素之间的互动关系见图 4-7，在确定采用何种拣货策略时，必须按一定的顺序，才能使其复杂程度降到最低。

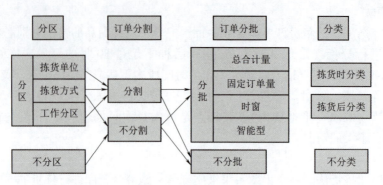

图 4-7 分区、订单分割、订单分批、分类之间的互动关系

1) 分区策略

分区,即将拣货作业场地做区域划分。

分区方式:商品特性分区(基础);拣货单位分区;拣货方式分区;工作分区。

(1) 按照商品特性分区

可按照商品特性进行分区,如按外形尺寸、形状分区,按储存条件分区,按出货频率分区等(见图 4-8)。

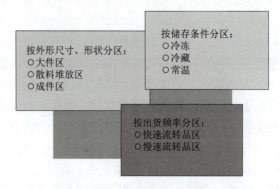

图 4-8 按照商品特性分区

(2) 拣货单位分区

将储存与拣货单位分类统一,以方便拣货与搬运单元化,将拣货作业单纯化。拣货单位基本上可分为托盘、箱、单品三种。按拣选单位分区,即托盘分拣区、箱拣选区、单品拣选区。

(3) 拣货方式分区

按拣货方法及设备的不同分区,如电子标签货架拣货区、RF 拣货区、台车拣货区等。

分区的原则:通常按商品出货的 ABC 分类和物流量进行分区。

(4) 工作分区

由一个或一组固定的拣货人员负责拣货区域内的货物(见图 4-9)。可先定出工作分区的组合并预估其拣货能力,再计算出所需的工作分区数,其计算公式如下:

工作分区数=总拣货能力需求/单一工作分区预估拣货能力

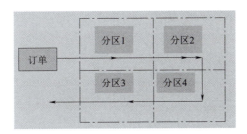

图 4-9 按工作分区拣货示意图

优点:能减少拣货人员需记忆的存货位置,缩短其移动距离,能在短时间内共同完成订单的拣取,但必须注意工作平衡的问题。

2)订单分割策略

当一张订单所订购的商品项目较多,或欲设计一个能够及时快速处理的拣货系统时,为了使其能在短时间内完成拣货工作,可利用订单分割策略将订单切分成若干子订单,交由不同的拣货人员同时进行拣货作业,以加快拣货的速度。

将订单按分拣区域进行分解的过程叫作订单分割,与拣货分区相对应。

前提:货物项目较多,要求及时快速处理。

流程:订单资料收集→分割订单→商品汇总。

①按拣货单位分区的分割策略:摘果式拣选(见图 4-10),按不同的订单、不同的拣选单位进行拣选。

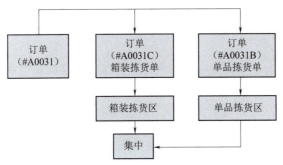

图 4-10 摘果式拣选

②按拣货方式分区的分割策略:播种式拣选(图 4-11),先集中拣选,再分拨。

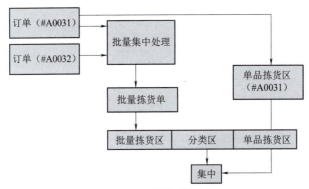

图 4-11 播种式拣选

③按工作分区的分割策略：分区拣选（图4-12）。

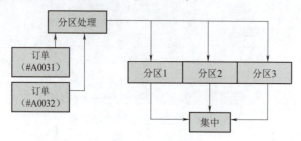

图4-12　分区拣选

3）订单分批策略

为了提高拣货作业效率，把多张订单集合成一批，再进行批次拣货作业。订单分批的原则和批量的大小是影响拣货效率的主要因素。

订单分批方式与适用情形如表4-33所示。

表4-33　订单分批方式与适用情形

	适用情况	配送客户数	订货类型	需求频率
分批方式	总合计量分批	数量较多且稳定	差异小而数最大	周期性
	固定订单量分批	数量较多且稳定	差异小且数量不大	周期性或非周期性
	时窗分批	数量多且稳定	差异小且数量小	周期性
	智能型分批	数量较多且稳定	差异较大	非即时性

（1）总合计量分批

拣货作业前合计所有订单中每一商品项目的总量，再根据此总量进行拣取。

特点：拣取路径减到最短，储存区域的储存单位单纯化，但需要功能强大的分类系统。

适合场合：固定点之间的周期性配送，可将所有的订单在中午前收集，在下午做总合计量分批拣货单据的打印等工作处理，隔日一早开始进行拣取、分类等。

（2）固定订单量分批

订单总数/固定订单量＝分批次数

订单分批按先到先处理的基本原则，当累计订单数到达设定的固定量时，再开始进行拣货作业。

（3）时窗分批

作业总时间/时窗（TW）＝分批次数

按时间分批，固定时间称为时窗（如1小时、30分钟等），订单到达至拣货完成出货所需的时间非常急迫时，可利用此策略。

应注意，各分拣区利用时窗分批同步作业时，会因分区工作量不平衡和时窗分批分拣量不平衡产生作业等待。此分批方式较适合密集频繁的订单，且较能应对紧急插单的要求。

（4）智能型分批

智能型分批方式是技巧性较高的一种分批方式，适合仓储面积较大、储存货物项目多的拣货区域。通常在前一天汇集订单之后，经过计算机处理，将订货项目相近或拣货路径一致的货物分为同批，求得最佳的订单分批，以缩短拣货寻找的时间及移动的距离。

优点:分批时已考虑到订单的类似性及拣货路径的顺序,使拣货效率进一步提高。

缺点:所需软件技术层次较高,不易达成,且信息处理的前置时间较长,若发生紧急插单,处理作业较为困难。

4)分类策略

采取批量拣货作业方式时,拣选完后必须进行分类,不同订单的分批方式及其分类作业的方式也有所不同。决定分类方式的主要因素是订单分批的方式。

不采取批量拣货的作业方式就不需要进行分类作业。分类方式有两种:拣货时分类与拣货后分类。

(1)拣货时分类

①在拣货的同时将货品按各订单分类。

②常与固定订单量分批或智能型分批方式联用。

③需使用计算机辅助台车作为拣选设备,加快拣货速度。

④较适用于货品少量多样的场合。

(2)拣货后分类

一般做法:

①以人工作业为主,将货品总量搬运至空地上进行分发;

②利用分类输送系统进行集中分类。

适用场合:

①适用于整箱拣选;

②拣选货品较重、体积较大的场合。

 知识拓展

货到人(GTP)拣选系统的应用

货到人(GTP)拣选系统是最先和传统的自动化立体仓库对接的拣货系统,一般主要用于供应产线的原材料的拣选作业,这种人不动货动的拣选方式,大幅降低了拣选人员的行走距离,可以实现高于人到货模式数倍的拣选效率,同时,符合人体工程学的拣选站可以大幅降低劳动强度和拣选差错率。货到人拣选系统通常由输送线或者AGV连接自动立体库和拣选机器人系统,在自动输送环节,货到机器人和货到人系统的实现方式相同,即完成货物从立体库到拣选站的自动化搬运。

 素养园地

党的二十大报告指出,大自然是人类赖以生存发展的基本条件。尊重自然、顺应自然、保护自然,是全面建设社会主义现代化国家的内在要求。必须牢固树立和践行绿水青山就是金山银山的理念,站在人与自然和谐共生的高度谋划发展。我们要推进

美丽中国建设，坚持山水林田湖草沙一体化保护和系统治理，统筹产业结构调整、污染治理、生态保护、应对气候变化，协同推进降碳、减污、扩绿、增长，推进生态优先、节约集约、绿色低碳发展。

物流行业应积极推广应用绿色包装。要聚焦工作重点，在系统谋划运输工具、分拨场地、包装使用等环节减碳降碳路径，推进作业流程优化、资源循环利用、场所集约使用等低碳技术路线的研发与应用，加快推进物流行业绿色低碳转型。

任务评价与分析

考核项目	具体内容及重点	得分	备注
出勤情况（15分）	迟到、早退各扣2分，无故旷课扣5分		
实训态度（35分）	上课认真听课，能按要求完成任务（10分）		
	作业美观大方（5分）		
	积极主动，能提出问题（10分）		
	相互协作，富有团队精神（10分）		
完成情况（50分）	订单有效性审核正确（13分）		
	库存分配计划正确（12分）		
	拣选策略制定正确（13分）		
	完成出库拣选操作任务（12分）		
合计	—		
小组名称		小组成员	
教师评语			

工作任务六　精益 5S 管理

任务描述

融通仓库原是为某大型生产企业做物流仓储配送用的，2022 年开始扩能，同时为某商场做物流配送，但没有新增库区。公司运行了一段时间发现库存积压较大，造成库容紧张，除通道外，库内可用空间近乎为零。自仓库建库以来，领导考察过不少单位，进行过多次整理，但未见成果。如何才能有效改变这一现状成为一直压在领导层和每个职工心头的一块大石头。精益 5S 管理理念的传播，使领导层深受触动和启发，一个运用精益理念改善仓库的想法开始形成。假如你是该仓库的主管，应如何运用 5S 管理理念改善现状呢？

任务实操

1. 分析任务描述中问题的产生原因及应对措施

2. 5S 管理方法巩固练习

①如果将 5S 管理方法应用到实践中，改善管理绩效的具体步骤是什么？

②经过初步的 5S 管理，库存问题得到了一定改善。如何进一步规范管理呢？如果仓库进行了过道标识及区域划分，那么货架及货位如何进行目视管理能使库存更加一目了然，方便存取？

知识链接

1. 精益管理定义

精益管理的概念始创于丰田公司实行的即时生产（Just-in-Time，简称 JIT）概念，其核心是在企业的生产环节及其他运营活动中彻底消灭浪费现象。

在过去，精益思想往往被理解为简单地消除浪费，表现为许多企业在生产中提倡节约、提高效率、取消库存、减少员工、流程再造等。但是，这仅仅是要求"正确地做事"，是一个片面、危险的视角。现在的精益思想，不仅要关注消除浪费，还以创造价值为目标，即"做正确的事"。归纳起来，精益思想就是在创造价值的目标下不断地消除浪费。

2. 精益管理5S

1）1S：整理

如何区分必需品和非必需品？

必需品：经常、必须使用的物品，如果没有它，就必须购入或准备替代品，否则就会影响工作；每时、每天、每周都需要使用；常放在作业现场、工作台或随身携带。

非必需品：使用周期较长或目前无任何作用的物品；使用周期长，即一个月、三个月，甚至半年才使用一次。

无用的物品：对生产没有任何作用的物品，如过期的图纸、样品等。

2）2S：整顿

①30秒钟即可找到所需物品（消除时间浪费）。

②出现异常情况（如丢失、损坏）能马上发现。

③非担当者的其他人员也能明白要求和做法。

④不同的人去做，结果应是一样的（已形成标准化）。

⑤"容易拿取、简单归位"，整顿是通过目视化管理实现的。

如果整顿没有落实，必定会造成很大的浪费，常见的情况有以下几种。

①寻找时间的浪费。

②停止和等待的浪费。

③认为企业没有而盲目购买造成的浪费。

④计划变更产生的浪费。

⑤交货期延迟产生的浪费。

3）3S：清扫

通过整理、整顿，使必需品处于能立即取到的状态，取出的物品必须完好可用，这是清扫最大的作用。清扫就是要保持整顿后的状态。

一个企业要推行5S，通常要经过以下几个步骤：分清要与不要；把要的东西做好三定，即定位、定容、定量；依需求量及工作形态需求，正确地放置、标识；进行清扫。

4）4S：清洁

清洁是一个企业的企业文化建设开始步入正轨的一个重要步骤。

要把整理、整顿、清扫贯彻到底，也就是做到标准化、步骤化，即清洁。

要建立一个制度，必须充分利用创新，改善和全面标准化，从而获得坚持和制度化的条件，提高工作效率。清洁起维持的作用，能将整理、整顿、清扫后取得的良好成绩维持下去，成为公司内人人必须严格遵守的固定的制度。

5）5S：素养

做好清洁以后，我们还要更深一步地进行素质教育，即做到有素养。

创办学习型组织，形成持续改善、以人为本的精益文化，打造一个充满良好氛围的工作环境。

素养，强调的是持续保持良好的习惯，每一个人都主动、积极地把自己责任范围内的事情贯彻执行，每个人都能心情愉快地工作，创建良好的团队和舒适的工作场所。

3. 精益管理的十大工具

1) 价值流分析

精益管理自始至终紧紧围绕着价值这一核心,价值有两个层面:一是客户需要支付的价值;二是客户乐意多支付的价值,即增值。

精益管理的价值更趋向于第二个层面。

价值流分析(VSM)便是借助价值的两个层面对产品生产过程中的要素进行界定,先除去浪费(客户不支付的),从而缩减客户不愿意多支付的要素,以此来实现机器设备和公司员工有效工作时间最大化和价值最大化。

2) 标准化作业

标准化作业(SOP)是高效率和高质量生产的最有效的管理工具。生产过程经过价值流分析后,按照科学的工艺流程和操作步骤形成文本化的标准,标准不仅仅是判定产品质量的根据,还是培养公司员工规范操作的依据。这些标准包含现场目视化标准、设备管理标准、产品生产标准及产品质量标准。精益生产管理要求"一切都要标准化"。

3) 5S 与目视化管理

5S(整理 Seiri、整顿 Seiton、清扫 Seiso、清洁 Seiketsu、素养 Shitsuke)是现场目视化管理的有效工具,也是提高公司员工素养的有效工具。

5S 成功的关键是标准化,借助细化的现场标准和明晰的责任分配,让公司员工首先做到保持工作现场的干净整洁,同时有效解决暴露出来的现场和机器设备的问题,慢慢养成规范秩序的职业习惯和优良的职业素养。

4) 全员机器设备保全

全员机器设备保全(TPM)是准时化生产的必要条件,目的是借助全员的参与实现机器设备过程控制和防范。推行 TPM 首先要具有机器设备的相关标准,如日常工作维护保养标准、部件更换标准等,继而是公司员工对标准的掌握和执行。

推行 TPM 的目的是事前防范和发现问题,通过细致到位的全方面维护保养,保证机器设备的"零故障",为均衡生产和准时化生产提供保障。

5) 精益质量管理

精益质量管理(LQM)更加关注产品生产过程的质量控制,尤其是针对流程型的产品。如果产品出现制造生产质量不合格和返工的情况,会直接导致整个价值流的停滞和过程的积压,所以更加需要有产品生产过程质量的控制标准,让生产的每个工序都以成品意识为基础,坚决消除一些人不负责任的前工序的质量问题由后工序弥补的错误意识。

6) TOC 技术与均衡化生产

均衡化生产是准时化生产的前提条件,其相同点是两者都是消除过程积压和价值流停滞的一种很有效的工具。对于离散型产品来说,TOC(瓶颈管理)技术是做到均衡化生产最为有效的一种技术。TOC 技术的核心是识别生产过程的瓶颈并解除壁垒,做到工序产能相匹配,以提高整个流程的产能。瓶颈工序直接决定整个流程的产能,生产系统中的各要素是不停变化的,所以生产流程中的瓶颈也将一直存在,需要持续不断地进行改善。

7) 拉动式计划

拉动是精益管理的核心理念,拉动式计划(PULL)是指生产计划只下达到最后的(成品)工序,后工序通过展示板的方式给前一工序下达指令,从而拉动前工序,后工序就是客户。这种方法可以避免统一指挥时,因信息不到位产生的混乱,同时实现了各工序的自我管理。生产过程中的物流管理同样是借助拉动式计划来实现的。拉动的理念也适用于管理工作的流程管理。

8)快速切换

快速切换(SMED)理论的根据是运筹技术和并行工程,其目的是借助团队协作最大限度地缩减机器设备的停机时间。当产品换线和机器设备进行调整时,快速切换能够最大限度地压缩前置的时间,效果非常显著。

9)准时化生产

准时化生产(JIT)是指在客户需要的时间、按客户需要的量生产客户需要的产品。JIT是精益生产管理的最终目的,SOP、TPM、LQM、PULL和SMED等是JIT的必要条件,准时化生产是应对多品种、小批量、订单频繁变化、降低库存情况最为有效的工具。

10)全员革新管理

全员革新管理(TIM)是精益审查的循环和持续改进,通过全员的革新不断发现生产流程中的浪费。持续不断地消除浪费,是持续改善的源泉,也是全员智慧的发挥,同时满足了公司员工自我价值实现的心理需求,进而激发公司员工的积极性和自豪感。全员革新管理的实施需要有相关的考核和激励措施。

知识拓展

精益管理

精益管理源自精益生产,是一种使企业用较少的投入获取较高质量和数量产品的管理方式,核心的内涵在于"精"和"益"。

"精":少投入、少消耗资源、少花时间,尤其是要减少不可再生资源的投入和耗费。

"益":多产出经济效益,实现企业升级的目标。

精益管理强调客户对时间和价值的要求,其核心是在企业的生产环节及其他运营活动中彻底消灭浪费现象,归纳起来就是在创造价值的目标下不断地消除浪费。精益管理能够通过提高顾客满意度、降低成本、提高质量、加快流程速度和改善资本投入,使组织的社会价值最大化。

各类型的生产企业都需要提升自己在精益管理方面的能力,并通过不断实践总结经验,使企业在未来的发展中更加具有竞争力。

素养园地

习近平总书记在党的二十大报告中指出,没有坚实的物质技术基础,就不可能全面建成社会主义现代化强国。建设现代化产业体系,是党中央从全面建设社会主义现代化国家的高度作出的重大战略部署。为了全面建成社会主义现代化强国，同时为实现第二个百年奋斗目标奠定坚实的物质技术基础，职业教育需要培养更多具备数字化素养的高质量物流管理人才。

现代物流作为现代服务业的主要组成部分，日益受到企业和社会的广泛关注和重视，但也面临着前所未有的发展机遇。加快发展现代物流业，是我国应对新常态下经济转型的迫切需要，对于提高我国经济运行质量和效益、优化资源配置、改善投资环境、增强综合国力和企业竞争力具有重要意义。

作为现代物流体系中重要管理环节之一的仓储管理，在当今企业降本增效的趋势下显得越来越重要。优化仓储业务流程，在降低成本的同时提高物流服务水平，成为企业迫切需要解决的现实问题。

任务评价与分析

考核项目	具体内容及重点	得分	备注
出勤情况（15分）	迟到、早退各扣2分，无故旷课扣5分		
实训态度（35分）	上课认真听课，能按要求完成任务（10分）		
	作业美观大方（5分）		
	积极主动，能提出问题（10分）		
	相互协作，富有团队精神（10分）		
任务完成（50分）	运用鱼刺图正确分析问题（12分）		
	针对问题制订改进计划，计划完整并正确（12分）		
	改进计划步骤实施正确规范（15分）		
	制度建设和培训完整正确（11分）		
合计	—		
小组名称		小组成员	
教师评语			

项目五　编制采购计划

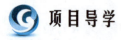 项目导学

廉洁采购，正风肃纪

根据《中华人民共和国政府采购法实施条例》第十一条，采购人在政府采购活动中应当维护国家利益和社会公共利益，公正廉洁，诚实守信，执行政府采购政策，建立政府采购内部管理制度，厉行节约，科学合理确定采购需求。采购人不得向供应商索要或者接受其给予的赠品、回扣或者与采购无关的其他商品、服务。

采购专员应时刻谨记廉洁采购的基本要求，完全遵循管理办法实施采购工作，杜绝因个人谋私利或人情因素具有行为：漏报项目、拆分项目，规避集中采购，导致公司利益受损失；编制与特定关系人有利的条款或编制歧视性条款限制潜在供应商投标；不按规定程序抽取评标专家；对特定关系人或厂商打人情分；透露应保密的内容；不按照评标报告编制采购结果；提前透露采购结果；不按照采购结果编制采购合同；不严格按照合同条款履行合同，尤其是违约处罚条款，导致公司利益受损。

"腐败不仅增加了经营成本，还破坏了公平竞争的社会环境。企业是社会经营活动的主体，反腐败是我们共同面临的责任和挑战。"东风日产各二级单位相继召开供应商大会。与过去不同的是，此次供应商大会更加凸显廉洁主题。东风日产供应商大会首次公布东风公司2020年以来的立案、党纪处分和留置情况，传递东风日产旗帜鲜明惩治腐败、驰而不息正风肃纪的决心。东风日产供应商大会提出合规运营准则要求，即守住底线、不踩红线、共建防线，并要求员工严格遵守"三不准"规定，即在工作地不准接受供应商任何形式的宴请，非公务期间在任何地方不准接受供应商的宴请，在供应商处工作期间不准接受供应商的宴请。东风商用车供应商大会提出明确构建供应商诚信管理评价体系，坚持诚信、透明经营、廉洁从业，对违规行为零容忍。

针对公司产业链长、业务往来频繁、交易金额大、廉洁风险较高等特点，东风日产不断深化与供应商及合作方的廉洁共建，推进内外"双向治理"，推动建立廉洁、诚信、共赢的合作关系。通过廉洁共建协议划出双方行为红线。推行"双签"机制，即与合作方签订业务合同的同时，签订廉洁共建协议，明确双方廉洁从业的责任、义务、负面行为、处罚条款、监督举报方式等内容。对于违反协议的合作方，东风日产将视情节采取约谈、警告、罚款、下调合作评价等级、列入"黑名单"等方式进行处罚。2020年，东风日产对监督检查发现的供应商寄送购物卡、虚开发票等问题，启动处罚程序，开展约谈和罚款，将26家供应商纳入"黑名单"，使廉洁从业要求从"软约束"变为"硬杠杠"。

通过完善机制守住双方廉洁底线，深化采购、销售、广告、研发、废旧物资处置等重点领域专项治理，健全完善监督制约机制。东风日产探索构建以廉洁风险防控清单、风险岗位

清单、制度清单、廉洁从业负面清单、岗位风险提示卡为一体的"四单一卡"廉洁风险防控体系；在采购领域建立零部件采购全品牌线上发包系统和服务支持采购全业务、全流程的电子商城，防范信息不对称、过程不透明造成的廉洁风险；在品保领域开展专项治理，巩固前期供应商"驻厂代表"问题治理成效，规范供应商第三方服务人员管理、品质问题考核等工作，压缩品质问题考核"微"权力任性运行的空间。在集团层面，东风日产则聚焦招标采购、市场营销、广告宣传、废旧物资处置、技术研发等专业岗位，对有选择权或选择建议权、资源分配权等权力突出且存在廉洁风险的管理岗位建立轮岗交流制度，明确在同风险岗位任职不得超过6年，因履职不力、失职渎职受到纪律处分不适合在原岗位工作的，须立即调离且5年内不得在关键岗位任职。

（资料来源：中央纪委国家监委网站）

项目任务

在熟悉仓储业务后，张明发现做好仓管工作的一个关键点就是控制好仓储成本。目前仓库里缺货较多，也存在某种商品库存大量积压的现象，与A客户沟通后，库存问题仍未解决。这项工作虽不是本部门的问题，但为了更好地服务客户，大区总决定派最熟悉仓库的张明去对接，希望能尽快解决问题，降低客户的仓储成本。张明接到任务后，感受到压力的同时，也明白这是一个锻炼的机遇，只有抓住机遇，自己才能快速提升。

典型岗位

采购主管

1. 根据公司和客户要求准确快速地寻找具有优势的货源。
2. 及时处理各种采购相关的问题或紧急情况。
3. 及时更新供应商资料，建立供应商档案。
4. 负责询价、议价和比价，降低成本；制定采购订单和采购合同，并落实具体采购流程。
5. 负责采购订单的制作、确认，安排发货并跟踪到货日期。
6. 及时了解销售团队的需求并判定需求，做出采购计划。

学习目标

知识目标

1. 掌握采购数量的计算方法；
2. 掌握采购作业的流程；
3. 掌握采购价格的核算。

技能目标

1. 能够使用合理的方法选择供应商；
2. 能够使用合适的方法计算采购量；

3. 能够合理分析采购价格。

素养目标

1. 培养学生对采购的学习兴趣，明晰专业发展规划；
2. 培养学生动手实践的能力，树立正确的价值观。

项目五 编制采购计划

工作任务一　选择供应商

任务描述

到达 A 公司后，张明与采购主管李美对接，对采购相关的业务做规划。李美首先提出了他们现在急需解决的问题，黄桃罐头近期销量大增，原有的供应商已经不能满足需求，急需为黄桃罐头选择新的供应商。假如你是张明，你该如何选择呢？

任务实操

1. 确定选择供应商的考虑因素

一般选择供应商时，应从产品质量、供货能力、企业信誉及历来表现、质量保证及赔偿政策、产品价格、技术力量、企业财务状况、通信系统、企业在同行业中的地位、地理位置 10 个因素来考虑。请思考并讨论，A 公司的黄桃罐头在选择供应商时应考虑哪些因素呢？

2. 设计调研问卷

知悉选择供应商需要考虑的因素后，下一步就要获取供应商的相关信息。那么，该如何获取供应商的信息呢？可以通过行业会展、互联网搜索以及合作企业调研等方式来了解供应商的信息。应用比较广泛的方法为问卷调查法，请根据选择供应商需要考虑的因素来设计相关的调研问卷，并寻找 3 家以上的黄桃罐头供应商填写调研问卷。调研问卷的模式可参考表 5-1。

表 5-1　调研问卷设计

公司名称			
地址			
邮政编码		电子邮箱	
联系人		联系电话	
公司性质	□国有　□合资　□外资　□民营　□其他		

续表

经营性质	□生产商　□代理商或经销商	
业务范围		
经营产品	自产	
	代销	
公司成立时间	注册资金/万元	
经营场所总面积/m²	总资产现值/万元	
平均年度总销售额/万元	平均年度总产值/万元	
质量方针和目标		
管理体系认证	□ISO9000　□ISO14000　□ISO22000　□FSSC22000　□HACCP □GMP　□实验室 CNAS 认可 □OHSAS18001　□SA8000　□BRC　□HALAL　□KOSHER　其他：	
主要客户	销售产品	已合作时间

3. 供应商选择标准

通过调研问卷调研到企业的相关信息后，该如何选择供应商呢？要选出最优的供应商，需要设计相关的标准对备选的供应商进行评价，该如何设计供应商选择的标准呢？请讨论应该从哪些方面评价黄桃罐头的供应商。

4. 选择供应商的方法

选择供应商常用的方法有直观判断法、评分法、加权综合评价法、采购成本比较法等方法。在此，我们选择加权综合评价法对黄桃罐头的供应商进行评价。

加权综合评分法是目前供应商定量选择最常使用的方法，基本原理是给每个选择标准分配一个权重；每个供应商的定量选择结果为该供应商各项准则的得分和相应准则的权重的乘积的和。

假设 A 公司经调研发现有 4 个企业适合做黄桃罐头的供应商，决定按以下分配比例来评价供应商：产品质量占 40 分，价格占 35 分，合同完成率占 25 分。调研统计的资料如表 5-2 所示，请使用加权综合评价法对 4 个供应商进行考评并确定最优的供应商。

表 5-2　供应商的调研统计表

供应商	收到的商品数量/件	验收合格的数量/件	单价/元	合同完成率/%
甲	2 000	1 920	89	98
乙	2 400	2 200	86	92
丙	600	480	93	95
丁	1 000	900	90	100

5. 供应商评价

选定最优的供应商后，我们还需进行供应商监测考核，保证和供应商的合作一直处于最优的状态。评价供应商的指标主要有质量指标，供应指标，经济指标，支持、配合与服务指标等，该如何设计详细的指标来评价与黄桃罐头供应商的合作呢？

　知 识 链 接

1. 选择供应商的标准

1）短期标准

短期标准一般有产品质量、总成本、交货时间、服务水平、履约合同的承诺与能力等。其中，产品质量是首要考虑因素，评价产品质量不仅要重视检验环节，还要进一步从供应商内部入手去考察；总成本不仅包括采购价格，还包括原材料在使用过程中或者生命周期结束后产生的一切开支；交货时间直接影响企业生产与供应的连续性，因此选择供应商时也必须考虑这一问题；服务水平直接影响采购合作的开展是否顺利，主要从安装服务、培训服务、维修服务、升级服务以及技术支持服务等方面进行评价；评价企业是否具备履约能力，主要从供应商处理订单的时间、设备利用率以及是否有核心研发团队等方面进行评价。

5.1　选择供应商

2）长期标准

主要从供应商的财务状况、内部组织管理以及员工的状况等方面进行评价。

2. 选择供应商的方法

1）直观判断法

直观判断法属于定性选择方法，主要根据征询和调查所得的资料并结合个人的分析进行判断，常用于选择企业非主要原材料的供应商。

2）评分法

评分法是指依据供应商评价的各项指标，按供应商的优劣档次，分别对各供应商进行评分，选得分高者为最佳供应商的方法。

3）加权综合评分法

加权综合评分法是目前供应商定量选择最常使用的方法。其基本原理是给每个选择标准分配一个权重，每个供应商的定量选择结果为该供应商各项准则的得分和相应准则的权重的乘积的和。

4）采购成本比较法

采购成本比较法是通过计算分析各个供应商的采购成本，选择采购成本较低的供应商的一种方法。

5）协商选择法

当可供选择的供应商较多时，采购方可以采用协商选择法，即由采购方选出供应条件较为有利的几个供应商，同他们分别进行协商，再确定合适的供应商。与招标选择法相比较，协商选择法因双方能充分协商，在产品质量、交货时间和售后服务等方面都有保证，但这种方法选择范围有限，采购方不一定能选出价格最便宜、供应条件最有利的供应商。当采购时间紧迫、投标单位少、供应商竞争不激烈、订购产品规格和技术条件比较复杂时，协商选择法比招标选择法更合适。

6）作业成本法

作业成本法是指针对单一订单，在一组供应商中选择最优者的方法。其基本思想是，供应商所供应产品的任何变化都会引起采购方总成本的变动，价格过高、质量达不到要求、供应不及时等都会增加采购方的成本。因此，采购方通过分析供应商的总成本来选择合作伙伴。作业成本法要求供应商能够提供详细信息，且需要强有力的计算机支持，故其成本比传统方法要高，但这种方法的计算结果更准确，能够为管理者提供更有用的成本信息。

7）层次分析法

层次分析法是20世纪70年代初由美国运筹学家萨蒂教授提出的，是一种对较为模糊或复杂的问题进行定性分析与定量分析相结合，从而进行多目标决策的方法。这种方法的基本原理是先将具有层次结构的目标、子目标、约束条件等评价方案，采用两两比较的方法确定判断矩阵，然后把判断矩阵的最大特征值所对应的特征向量的分量作为相应的系数，最后综合给出各个方案的权重和供应商各自的权重，通过所有层次之间的总排序计算出所有元素的相对权重并进行排序。

3. 供应商的考核指标

为了科学、客观地反映供应商供应活动的运作情况，应该建立与之相适应的供应商绩效考核指标体系。在制定供应商绩效考核指标体系时，应该突出重点，对关键指标进行重点分析，尽可能采用实时分析与考核的方法，把绩效的度量范围扩大到能反映供应活动时间运营的信息上。因为这样分析得出的结果更有价值。评估供应商绩效的指标主要有质量指标、供应指标、经济指标以及支持、配合与服务指标等。

1）质量指标

来料批次合格率＝合格来料批次/来料总批次×100%；

来料抽检缺陷率＝抽检缺陷总数/抽检样品总数×100%；

来料在线报废率＝来料总报废数/来料总数×100%；

来料免检率＝来料免检的种类数/该供应商供应的产品总种类数×100%。

2）供应指标

准时交货率＝按时按量交货的实际批次/订单确认的交货总批次×100%；

交货周期：自订单开出之日到收货之时的天数；

订单变化接受率＝订单增加或减少的交货数量/订单原定的交货数量×100%。

3）经济指标

价格水平：同本公司所掌握的市场行情比较；

报价是否及时，报价单是否客观、具体、透明；

降低成本的态度及行动；

分享降价成本；

付款条件。

4）支持、配合与服务指标

反应表现：对订单、交货、质量投诉等的反应；

沟通手段：是否有合适的人员与本公司沟通，沟通手段是否符合要求；

合作态度：是否将本公司看成重要客户；

共同改进：是否积极参与本公司相关的质量、供应、成本等改进项目或活动。

此外，还有售后服务、参与开发等相关指标。

 知识拓展

电商选品思路

1. 本土化。产品要符合当地人的审美，符合当地人的文化。对比天猫的吹风筒和亚马逊上的吹风筒，两者风格有明显的差异。电商选品一定要从本土出发，可以看看当地社媒网站的喜好是什么，可以在各个平台上查看什么产品受欢迎。

2. 新手卖家必须避免主观判断。新手卖家的主观判断很多是错的，而且不清楚产品的水有多深。选品必须基于严谨的数据判断、数据分析。

3. 热点捕捉。比如疫情期间，消毒液、手套、护目镜等防疫产品很好卖，家居产品、健身产品、自行车配件等销量也有提升；美国因暴风雪导致多地区停电，发电机销量明显上升；这需要平时的关注与留心。

4. 一般选品方法。尽量选择体积小、质量轻的产品，这样的产品一般运费低，成本小；选择易包装、售后少的产品，杜绝易碎产品；选择利润率高的产品；非季节性产品与季节性产品搭配选择；选择在对应电商平台投放广告少的产品；选择在对应电商平台图片做得特别随意的产品。

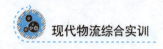

素养园地

企业共享，共赢发展

原始先民和部落人的行为模式，决定了他们共享食物的行为。面对凶猛的野兽，没有什么有力武器的原始人类只能采用群体捕猎的方式获得食物。由于食物来源变幻无常，必须依靠所有人的力量才能不挨饿，所以他们养成了共享食物的习惯。久而久之，这便作为一种习俗流传下来，直到捕猎工具进步，耕种等方式确立下来为止。随着时代的发展，人们逐渐开始尊重和保护私有财产，但是与人分享、互通有无的精神并没有因此而消亡。在供应商管理方面，企业之间共享才会共赢。采购时，在处理双方或者多方关系时，在相互信任的基础上，各方应相互理解、相互扶持、换位思考、不断学习，使各方的利益在原有基础上达到最大化，并且能够稳定上升，形成可持续发展路线。

任务评价与分析

	评价项目	指标说明	分值	自评分	教师评分
技能能力	确定选择供应商的考虑因素	能确定适合的供应商评价标准	5		
	设计调研问卷	获取3个以上的调研问卷	20		
	供应商评价标准	制定的评价标准客观、可行	10		
	供应商选择方法	了解各种方法，并能正确计算	15		
	供应商考核指标	制定的考核指标客观、可行	10		
素养能力	思考分析能力	能运用相关的知识结合案例进行分析	20		
	团队合作能力	认真参与讨论，完成小组任务	10		
	沟通能力	能及时与成员沟通，完成任务	10		
得分	任务得分	—			
	任务总得分	（自评40%+教评60%）			
分析总结	任务总结				
	反思和建议				

工作任务二　确定采购量

任务描述

在确定选择供应商的思路之后,张明和李美商议了最为关注的采购量问题,如何合理地规划采购量呢?采购量和张明关注的库存量又有哪些关系呢?张明提供了 A 公司本年度各种商品库存量,如表 5-3 所示。

表 5-3　A 公司本年度各种商品库存量

货品编码/条码	货品名称	年总出库量/件	年均储存量/件
6901521103123	诚诚油炸花生仁	550	89
6902774003017	金多多婴儿营养米粉	200	16
6903148042441	绿箭口香糖	870	139
6917878007441	婴儿纸尿裤	3 340	483
6918010061360	脆香饼干	1 370	202
6918163010887	黄桃水果罐头	150	17
6920855052068	利鑫达板栗	420	52
6920855784129	美年达汽水	2 340	697
6920907800173	休闲黑瓜子	180	17
6931528109163	婴儿湿巾	440	82
6932010061808	神奇松花蛋	810	103
6932010061815	兴华苦杏仁	2 330	279
6932010061822	爱牧云南优质小粒咖啡	1 840	217
6932010061839	营养快线	450	210
6932010061846	隆达葡萄籽油	1 340	100
6932010061853	乐纳可茄汁沙丁鱼罐头	410	53
6932010061860	金谷精品杂粮营养粥	380	57
6932010061877	华冠芝士微波炉爆米花	300	28
6932010061884	早苗栗子西点蛋糕	250	38
6932010061891	轩广章鱼小丸子	250	24
6932010061907	大嫂什锦水果罐头	180	7
6932010061914	雅比沙拉酱	30	3
6932010061921	山地玫瑰蒸馏果酒	30	6
6932010061938	旺旺雪饼	170	11
6932010061945	幸福方便面	200	17
6932010061952	日月腐乳	150	17

续表

货品编码/条码	货品名称	年总出库量/件	年均储存量/件
6932010061969	鹏泽海鲜锅底	700	15
6932010061976	万盛牌瓷砖	80	9
6932010062065	万盛牌月饼	10 230	756
6939261900108	好娃娃薯片	70	9

采购和库存是上下承接、互相关联的两个环节，绝对不能各自为政。库存变化的源头就是采购，如果采购过多，会增加企业库存；如果采购过少，又无法保证生产和销售的正常进行。因此，想做好采购就得先清楚库存状况。张明该如何解决采购量的问题呢？

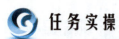

1. 计算库存周转次数

库存周转次数的计算公式：库存周转次数=年总出库量/年均储存量。
请计算表5-4中各商品的库存周转次数。

表5-4 库存周转次数计算表

货品编码/条码	货品名称	年总出库量/件	年均储存量/件	库存周转次数
6901521103123	诚诚油炸花生仁	550	89	6.17
6902774003017	金多多婴儿营养米粉	200	16	
6903148042441	绿箭口香糖	870	139	
6917878007441	婴儿纸尿裤	3 340	483	
6918010061360	脆香饼干	1 370	202	
6918163010887	黄桃水果罐头	150	17	
6920855052068	利鑫达板栗	420	52	
6920855784129	美年达汽水	2 340	697	3.35
6920907800173	休闲黑瓜子	180	17	
6931528109163	婴儿湿巾	440	82	
6932010061808	神奇松花蛋	810	103	
6932010061815	兴华苦杏仁	2 330	279	
6932010061822	爱牧云南优质小粒咖啡	1 840	217	
6932010061839	营养快线	450	210	2.14
6932010061846	隆达葡萄籽油	1 340	100	
6932010061853	乐纳可茄汁沙丁鱼罐头	410	53	
6932010061860	金谷精品杂粮营养粥	380	57	
6932010061877	华冠芝士微波炉爆米花	300	28	
6932010061884	早苗栗子西点蛋糕	250	38	
6932010061891	轩广章鱼小丸子	250	24	

续表

货品编码/条码	货品名称	年总出库量/件	年均储存量/件	库存周转次数
6932010061907	大嫂什锦水果罐头	180	7	
6932010061914	雅比沙拉酱	30	3	
6932010061921	山地玫瑰蒸馏果酒	30	6	
6932010061938	旺旺雪饼	170	11	
6932010061945	幸福方便面	200	17	
6932010061952	日月腐乳	150	17	
6932010061969	鹏泽海鲜锅底	700	15	
6932010061976	万盛牌月饼	80	9	
6932010062065	名片盒	10 230	756	
6939261900108	好娃娃薯片	70	9	

计算完库存周转次数，你能发现什么问题？

库存周转次数越高，说明仓储企业的效率与效益越高。周转次数低于5，则认为该种商品库存问题较大，需及时解决。

2. 定量订货法确定采购量

经上表分析，发现美年达汽水与营养快线周转次数低于5，库存量较高，是急需重新确定采购量、优化库存问题的商品。确定采购量的方法很多，本任务采用经济订货批量模型进行订货。

经济订货批量模型为

$$\text{EOQ} = \sqrt{\frac{2CD}{PF}} \qquad (5-1)$$

式中，C 为单位订货成本；D 为年需求量；P 为单位采购成本；F 为年保管费率。

1）确定年需求量

张明整理近5年美年达汽水与营养快线的出库量，如表5-5所示。

表5-5 美年达汽水与营养快线的出库量统计表

商品条码	商品名称	2018年出库量/件	2019年出库量/件	2020年出库量/件	2021年出库量/件	2022年出库量/件
6920855784129	美年达汽水	1 453	1 946	1 678	2 033	2 340
6932010061839	营养快线	234	287	378	456	450

如何预测2023年的出库量呢？本任务采用指数平滑法进行计算。以美年达汽水为例，计算过程如下。

预测的需求量=上期的预测值+(上期的观察值-上期的预测值)×α

①选取一个初始值。此处我们取时间序列的前三项数据的平均值作为初始值，即2018—2020年出库量的平均值1 692。

②选择平滑系数 α，这里分别取 $\alpha=0.1$、$\alpha=0.6$ 和 $\alpha=0.9$ 计算各年一次指数平滑值，计算结果如表5-6所示。

表 5-6　一次指数平滑值

年份	时间序列	实际出库量	预测值（0.1）	预测值（0.6）	预测值（0.9）
2018	1	1 453	1 692.00	1 692.00	1 692.00
2019	2	1 946	1 668.10	1 548.60	1 476.90
2020	3	1 678	1 695.89	1 787.04	1 899.09
2021	4	2 033	1 694.10	1 721.62	1 700.11
2022	5	2 340	1 727.99	1 908.45	1 999.71

③对不同平滑系数下取得的平滑值进行误差分析，确定 α 的取值。

不同平滑值下的均方误差 S 的计算公式为

$$S = \frac{1}{5}\sum_{t=1}^{5}(y_t - Y_t) \tag{5-2}$$

式中，y_t 为实际出库量；Y_t 为预测出库量。

α＝0.1 的平滑值的均方误差 S＝124 815.4；

α＝0.6 的平滑值的均方误差 S＝102 027.2；

α＝0.9 的平滑值的均方误差 S＝110 533.9。

通过比较，α＝0.6 时，平滑值的均方误差最小，因此选用 α＝0.6 作为加权系数。

④预测 2023 年需求量。

2023 年需求量＝2022 年的预测值+(2022 年的出库量-2022 年的预测值)×α

＝1 908.45+(2 340-1 908.45)×0.6

＝2 167（取整数）

练一练

请根据上述方法计算营养快线的年出库量并完成表 5-7。

表 5-7　年需求量计算表

年份	时间序列	实际出库量	预测值（0.1）	预测值（0.6）	预测值（0.9）
2018	1	234			
2019	2	287			
2020	3	378			
2021	4	456			
2022	5	450			
计算均方误差					
确定 α 值					
预测 2023 年出库量					

2）确定采购量

已知美年达汽水的单位订货成本为 30 元/次，单位采购成本为 20 元/件，年保管费率为5%。

根据经济订货批量公式，美年达汽水的经济订货批量为

$$EOQ = \sqrt{\frac{2 \times 30 \times 2\ 167}{20 \times 5\%}} = 360 (取整数)$$

练一练

假设已知营养快线的单位订货成本为25元/次，单位采购成本为10元/件，年保管费率为5%，请计算营养快线的经济订货批量。

3. 定期订货法确定采购量

定期订货法是按规定的时间提出订购，有一定订购周期而没有固定的订购批量。

美年达汽水全年需要2 167件，每10天向供应商订购一次，保险储备天数为1天，备运时间为2天，提出订购时现有库存量为5件，原订购下次到货的远期合同有30件，下一次的订购量是多少？

订购量=订购周期销售量+备运时间销售量+保险储备量−现有库存量−已订未交量

=（订购周期天数+平均备运天数+保险储备天数）×平均一日需要量−现有库存量−已订未交量

美年达汽水的订购量=（2+10+1）×（2 167/365）−5−30=42（件）

故下一次美年达汽水的订购量为42件。

练一练

假设营养快线全年需要2 500件，每8天向供应商订一次，保险储备天数为1天，备运时间为3天，提出订购时现有库存量为6件，原订购下次到货的远期合同有35件，下一次的订购量是多少？

知识链接

1. 指数平滑法

1) 定义

指数平滑又称为指数修匀,是一种重要的时间序列预测法。指数平滑法实质上是将历史数据进行加权平均作为未来时刻的预测结果。其加权系数呈几何级数衰减,时间期数越近的数据,权数越大,且权数之和等于1。加权系数符合指数规律,又具有指数平滑的功能,故被称为指数平滑。

5.2 采购量的确定

指数平滑法的基本思想是先对原始数据进行预处理,消除时间序列中偶然性的变化,提高收集的数据中近期数据在预测中的重要程度,处理后的数据称为平滑值,然后再根据平滑值进行计算构成预测模型,通过该模型预测未来的目标值。

2) 指数平滑法的优势

指数平滑法的优势在于既不需要收集很多历史数据,又考虑了各期数据的重要性。它是移动平均法的改进和发展,应用较为广泛,具有计算简单、样本要求量较少、适应性较强、结果较稳定等优点。指数平滑法不但可用于短期预测,而且对中长期的预测效果更好。

3) 指数平滑法计算

一次指数平滑法:设时间序列 t 的实际值为 y_1,y_2,…,y_t。一次指数平滑法的公式为

$$S_t^1 = \alpha y_t + (1-\alpha) S_{t-1} = S_{t-1} + \alpha(y_t - S_{t-1}) \tag{5-3}$$

式中,S_t 为一次指数平滑值;α 为加权系数,且 $0<\alpha<1$;S_{t-1} 为上一期的指数平滑值,它是 y_t 与 S_{t-1} 的加权平均。

一次指数平滑法以第 t 期指数平滑值作为第 $t+1$ 期预测值,这也说明,下期预测值也是本期预测值与以 α 为折扣的本期实际值与预测值误差之和。

二次指数平滑法:当时间序列的变动出现直线趋势时,用一次指数平滑法进行预测会存在明显的滞后误差,因此,必须加以修正。修正的方法是做二次指数平滑,利用滞后偏差的规律来建立直线趋势模型。二次指数平滑是对一次指数平滑的再平滑,它适用于具有线性趋势的时间序列。

三次指数平滑法:当时间序列的变动表现二次曲线趋势时,则需要用三次指数平滑法进行预测。三次指数平滑法是在二次指数平滑的基础上,再进行一次平滑。

这三种方法的基本思路相同,即预测值是以前观测值的加权和,且对不同的数据给予不同的权数,新近数据赋予较大的权数,时间越早的数据赋予较小的权数。

2. 定量订货法

1) 概念

定量订货法是指当库存量下降到预定的最低库存量(订货点)时,按规定数量(一般以经济订货批量 EOQ 为标准)进行订货补充的一种库存控制方法。

2) 基本原理

定量订货法的实施主要取决于两个控制参数:订货点以及订货批量。预先确定一个订货点 R 和订货批量 Q^*,在销售过程中随时检查库存,当库存下降到 R 时,就发出一个订货批量 Q^*,一般以经济订货批量 EOQ 为标准。

3）订货点的计算

①在需求量和订货提前期都确定的情况下，不需要设置安全库存，可直接算出订货点。计算公式为

$$\text{订货点} = \text{订货提前期的平均需求量} = \text{每天需求量} \times \text{订货提前期}$$
$$= (\text{全年需求量}/365) \times \text{订货提前期} \qquad (5-4)$$

②在需求量和订货提前期都不确定的情况下，设置安全库存是非常必要的。计算公式为

$$\text{订货点} = \text{订货提前期的平均需求量} + \text{安全库存}$$
$$= (\text{单位时间的平均需求量} \times \text{最大订货提前期}) + \text{安全库存} \qquad (5-5)$$

式（5-5）中的安全库存需要用概率统计的方法求出，公式为

$$\text{安全库存} = \text{安全系数} \times \sqrt{\text{最大订货提前期} \times \text{需求变动值}} \qquad (5-6)$$

式中，安全系数可根据缺货概率查安全系数表得到；最大订货提前期根据以往数据得到；需求变动值需要计算求得，公式为

$$\text{需求变动值} = \sqrt{\frac{\sum (y_i - y_A)^2}{n}}$$

式中，y_i = 实际需求量；y_A = 平均需求量。

4）订货批量的确定

订货批量就是一次订货的数量，它直接影响库存量的高低，也直接影响物资供应的满足程度。在定量订货中，对每一个具体的品种而言，每次订货批量都是相同的，通常以经济订货批量作为订货批量。

经济订货批量模型为

$$EOQ = \sqrt{\frac{2CD}{PF}}$$

式中，C 为单位订货成本；D 为年需求量；P 为单位采购成本；F 为年保管费率。

3. 定期订货法

1）概念

定期订货法是按预先确定的订货时间间隔进行订货补充的库存管理方法。

2）基本原理

定期订货法的实施主要取决于三个控制参数：订货周期、最高库存量和订货批量。预先确定一个订货周期 T 和最高库存量 $Q_{\max}$，周期性地检查库存，根据最高库存量、实际库存、在途订货量和待出库商品数量，计算出每次订货批量，发出订货指令，组织订货。

3）订货周期 T 的确定

在定期订货法中，订货点实际上就是订货周期，其间隔时间总是相等的。它直接决定最高库存量的大小，即库存水平的高低，进而也决定了库存成本的多少。

从成本角度出发，要使总成本达到最小，可以采用经济订货周期的方法来确定。

假设订货周期以年为单位，根据年采购成本 = 年保管成本，即

$$C/T = T^* R/(2K) \qquad (5-7)$$

式中，T^* 为经济订货周期；C 为单次订货成本。

$$T^* = 2C/(KR) \qquad (5-8)$$

式中，K 为单位商品年储存成本；R 为单位时间内库存商品需求量。

4）最高库存量 Q_{max} 的确定

定期订货法的最高库存量是用以满足（$T+T_k$）期间内的库存需求的，所以可以用（$T+T_k$）期间的库存需求量作为基础。考虑到随机发生的不确定库存需求，需要再设置一定的安全库存。最高库存量公式为

$$Q_{max} = R(T+T_k) + Q_s \qquad (5-9)$$

式中，Q_{max} 为最高库存量；R 为（$T+T_k$）期间库存需求量的平均值；T 为订货周期；T_k 为平均订货提前期；Q_s 为安全库存量。

5）订货批量的确定

定期订货法的订货批量是不固定的，订货批量的多少由当时的实际库存量大小决定。考虑到订货点时的在途到货量和已发出出货指令但尚未出货的待出货数量，每次订货的订货批量的计算公式为

$$Q_i = Q_{max} - QN_i - QK_i + QM_i$$

式中，Q_i 为第 i 次订货的订货批量；Q_{max} 为最高库存量；QN_i 为第 i 次订货点的在途到货量；QK_i 为第 i 次订货点的实际库存量；QM_i 为第 i 次订货点的待出货数量。

知识拓展

电子采购模式

电子采购模式是指通过互联网等电子渠道进行商品采购的方式。常见的电子采购模式有以下几种。

1. 网络招标采购模式

网络招标采购模式是指企业通过网络平台发布采购需求，供应商通过平台参与竞标，最终由企业选择中标供应商的模式。这种采购模式在提高采购效率、降低采购成本等方面具有明显优势。

2. 在线集中采购模式

在线集中采购模式是指多个企业联合起来通过共享的采购平台进行集中采购的方式。这种采购模式可以通过批量采购、优惠折扣等方式降低采购成本，提高采购效率。

3. 电子拍卖采购模式

电子拍卖采购模式是指企业通过网络平台发布采购需求，供应商通过平台参与拍卖，最终由价格最低的供应商中标的采购模式。这种采购模式在竞争激烈的采购环境下，可以有效地提高采购效率，同时降低采购成本。

任务评价与分析

	评价项目	指标说明	分值	自评分	教师评分
技能能力	库存周转次数计算	正确应用计算并分析库存	10		
	指数平滑法应用	正确使用方法并能进行计算	10		
	EOQ 模型	正确使用方法并能进行计算	20		
	定期订货法	正确使用方法并能进行计算	20		
素养能力	思考分析能力	能运用相关的知识结合案例进行分析	20		
	团队合作能力	认真参与讨论，完成相关小组任务	10		
	沟通能力	能及时与成员沟通，完成任务	10		
得分	任务得分	—			
	任务总得分	（自评40%+教评60%）			
分析总结	任务总结				
	反思和建议				

工作任务三　确定采购价格

任务描述

对采购数量有了清晰的规划之后，张明表示自己的任务已基本完成，对 A 公司的供应情况更为了解，对管理库存有了更清晰的认知。李美则表示虽然现在针对采购量已经有了管理方法，但采购要降低成本的目的还没有达成，采购的价格还有待规划。李美邀请张明继续参与该计划，共同完成项目。张明觉得参与完整的采购流程可以提升对供应链的认知，经上级同意后，张明继续与李美共同探讨采购价格的确定方法。

任务实操

1. 采购价格的信息收集方式

选择好供应商且确定采购量后，该如何确定采购价格呢？知己知彼，百战百胜。首先要从相关的渠道获取价格信息，如从杂志、报纸等媒体，信息网络或产业调查服务机构，供货商、顾客及同业，或通过参观展览会或研讨会，加入协会等方式来获取。请查询相关的网络信息，获取黄桃的报价。

2. 供应价格的确定

1) 询价

询价是采购作业流程中的一个必要阶段。在接到请购单、了解目前库存状况及采购预算后，通常最直接的反应是马上联络供应商。询价的方式有口头询价以及书面询价。请采用书面询价的方式，撰写邮件对黄桃罐头进行询价。请讨论询价邮件中应包含哪些内容。

2）报价

假设企业要采购一批黄桃罐头，那么，黄桃罐头的供应价格是如何确定报价呢？

①价格的组成。

价格＝总成本＋利润
　　　＝制造成本＋行政管理费＋利润
　　　＝直接材料费＋直接人工费＋制造费用＋行政管理费＋利润

②定价的方法。

方法一：成本加成定价法。

成本加成定价法的公式为价格＝产品的成本＋利润。

假设黄桃罐头的单位成本为 8 元，加成率为 20%，则其定价应为多少？请完成计算。

方法二：目标利润定价法。

目标利润定价法的公式为总销售收入＝总成本，即

　　　　单价×销售量＝固定成本＋变动成本＝固定成本＋单位变动成本×销售量

假设黄桃罐头生产的固定成本为 6 000 元，单位产品变动成本为 8 元/瓶，年产量为 2 000 瓶，则其定价应为多少？请完成计算。

3）议价

采购议价过程是由时间、地点、议价者及主题四个基本要素组成的，成功且有效的议价是在兼顾双方利益的前提下，使事情得到圆满解决。那么，该如何制定议价策略呢？具体步骤为：明确希望通过议价达成的目标；收集相关数据；确定实际情况；找出分歧点；分析各自的优势和劣势所在；确定自己在分歧中的地位；计划议价策略。请制定合理的议价策略，并与模拟的供应商小组完成议价流程。

知识链接

1. 商品定价步骤

1）确定企业定价目标

企业的定价目标是不同的，有的定价是为了拓展新市场；有的是为了利润最大化；有的是为了提高市场占有率；有的则是为了应对竞争者。确认定价目标是定价的首要任务。

5.3 确定商品价格

2）评估市场需求

通过市场细分，识别目标市场需求，确认潜在用户及其需要。

3）估算商品成本

设计一个可以应用于各个细分市场的系统，以确定每个市场部分的边际成本和特殊成本。

4）分析竞争状况

确定价格时，除了要了解自己的状况，对自己的定价目标、产品的原价及随时变化的四周环境也要有很高的敏感度，同时要估计可能存在的竞争对手及其情况，如了解竞争对手的价格水平；分析竞争对手的优势与劣势。

5）选择定价方法

确认顾客或用户的需求内容；确定产品的价格水平；确定不同产品之间价格和功能的差异程度；探讨价格变化的影响，并决定不同市场条件下最有利的定价方法。

6）定价

确认可行的定价方案；估计不同销量水平下生产和市场营销的直接和间接成本；计算不同销量水平下每个细分市场的期望利润；确定最终价格。

2. 采购价格的类型

根据不同的交易条件，采购价格会有不同的种类。采购价格一般由成本、需求以及交易条件决定，一般有以下分类。

送达价：送达价指报价中包含负责将商品送达时发生的各项费用，这些费用均由供应商承担。若涉及国际采购，送达价则为到岸价加上运费（包括从出口厂商所在地至港口的运费）和货物抵达买方之前一切运输保险费，还包括进口关税、银行费用、利息以及报关费等。

出厂价：出厂价指供应商的报价中不包含运送责任。

现金价：现金价，即"一手交钱，一手交货"。按零售行业的习惯，月初送货，月中付款，或月底送货，下月中付款，即视同现金交易，并不加计延迟付款的利息。现金价可使供应商免除交易风险，企业亦享受现金折扣。

期票价：期票价指企业以期票或延期付款的方式来采购商品。通常企业会在售价中加计迟延付款期间的利息。如果卖方希望获得现金周转，就会使加计的利息大于银行现行利率，以使供应商舍期票价取现金价。另外，从现金价加计利息变成期票价，要用贴现的方式计算价格。

净价：净价指供应商实际收到的货款，不需要再支付任何交易过程中的费用，这点通常会在供应商的报价单条款中写明。

毛价：毛价指供应商的报价，但可以因为某些因素加以折让。例如，供应商会因为企业采购金额较大，而给予企业某比例的折扣。如采购空调设备时，商家的报价已包含货物税，只要买方能提供工业用途的证明，即可减免50%增值税。

现货价：现货价指每次交易时，均由供需双方重新议定价格，若有签订买卖合约，亦以完成当次交易后即告终止。在企业众多的采购项目中，现货交易的方式最为频繁。买卖双方按交易当时的行情进行，不必承担预立约后价格可能发生的巨幅波动的风险或困扰。

合约价：合约价指买卖双方按照事先议定的价格进行交易，合约价格涵盖的时间依契约而定，短的几个月，长的一两年。由于价格议定在先，经常出现与时价或现货价的差异，导致买卖时发生利害冲突。因此，必须使用客观的计价方式拟定合约价或定期修订合约价，这样才能维持公平、长久的买卖关系。

实价：实价指企业实际上支付的价格。供应商为了达到促销的目的，经常提供各种优惠的条件给买方，例如数量折扣、免息延期付款、免费运送等，这些优惠都会降低企业的采购价格。

3. 影响采购价格的因素
①供应商成本的高低。
②规格与品质。
③采购物品的供需关系。
④生产季节与采购时机。
⑤采购数量。
⑥交货条件。
⑦付款条件。

4. 议价成功的关键因素
①要具备必胜的信念。
②议价者要有耐心，能很好地控制自己的情绪。
③议价者要有诚意，饱含诚意的议价是保证实现议价目标的必要条件。
④善于树立第一印象。
⑤营造和睦的议价氛围。
⑥表述准确、有效。
⑦采用稳健的议价方式。
⑧拒绝方式要正确。
⑨正确使用臆测。
⑩议价应以成本而不是价格为中心。

知识拓展

采购核价的方法——货比三家

对许多公司而言，采购价格是否合理是一个敏感的课题，因而对采购员申报的合同或订单，公司都另做了一个流程——价格审核。如何对采购价格进行核价呢？

采购人员必须拿出三家以上供应商的报价单，以证明采购人员选择了价格最低的供应商，或者用文件说明选择了性价比最高的产品。许多公司都采用这种方式对采购价格进行审核。但值得关注的是，货比三家并不是唯一的、最好的方式。货比三家并不能保证这三家供应商是市场上最低的，也不能保证这三家产品报出的价格是最低的。因此，许多公司还要求核价部门做验证，保证得到的价格最低。方法是核价人员再到市场去询价，与采购人员的报价单做真正的核实。这种方法提供了双保险，进一步保障了公司能够得到较低的价格。但这里有一个悖论，即如果采购人员不能得到最低的价格，为何核价部门就能得到最低价格？如果核价部门能得到价格最低的资源，为何不提前与采购部门共享？如果核价人员比采购人员更加有能力，为何核价人员不直接去询价？管理的原则是"第一次就把事情做好"，采购组织如果三番五次去报价，供应商也会识破其目的，并找到对策。在相当多的情况下，采购是定制产品，供应商报价要做方案，就会产生成本。我们常常能听到供应商的反馈是："你们是不是真想要，如果不是，我就不报了"，或者随便报一个不靠谱的价。

任务评价与分析

评价项目		指标说明	分值	自评分	教师评分
技能能力	收集价格信息	利用多渠道进行信息收集	10		
	询价	正规邮件书写	10		
	定价	正确使用方法并能进行计算	20		
	议价	制定合理的策略并实施	20		
素养能力	思考分析能力	能运用相关的知识结合案例进行分析	20		
	团队合作能力	认真参与讨论，完成小组任务	10		
	沟通能力	能及时与成员沟通，完成任务	10		
得分	任务得分	—			
	任务总得分	（自评40%+教评60%）			
分析总结	任务总结				
	反思和建议				

项目六　运输方案优化

项目导学

深入山西交通，推动经济转型发展

山西交通基础设施供给、运输服务、可持续发展及行业治理等能力建设取得积极进展，对促进全省城乡建设、产业转型、资源开发等发挥了重要作用，为推动全省经济社会高质量发展提供了有力支撑。

交通基础设施供给能力稳步提升，初步形成铁路、公路、民航为主体的综合交通网络。铁路网建设有序推进，营业里程 6 247 km（其中，高速铁路 1 150 km），铁路运输通道基本建成，太原与省会周边城市实现高速铁路连通。公路网覆盖不断扩大，公路通车里程 14.4 万千米（其中，高速公路 5 744.6 km），密度 92.1 千米/百平方千米，"三纵十二横十二环"高速网和"七纵十四横"普通干线网体系逐步完善，具备条件的建制村通硬化路率达 100%。水运得到长足发展，航道里程 1 557 km。民航事业发展迅速，"一干六支"的机场布局基本形成，通航城市国内 69 个、国际 18 个。综合客运枢纽和物流枢纽加快建设，建成太原南站、中鼎物流园等一批大型客运枢纽和物流园区。

运输服务能力与品质大幅增强。山西省运输总量快速增长，运输结构不断优化，铁路、民航客运占比明显提升。客运方面，2019 年，铁路、公路客运量分别达到 0.8 亿人次和 1.4 亿人次，其中铁路客运量较"十二五"末增长 8%；民航旅客吞吐量达 2 037 万人次，在 2015 年基础上翻了一番。货运方面，铁路、公路货运量分别达到 9.2 亿吨、12.8 亿吨，较"十二五"末增长近 30%、40%；民航货邮吞吐量达 6.7 万吨，比 2015 年增长 34%。2020 年，受疫情影响，山西省运输总量有所下滑，但总体趋势向好。"十三五"期间，城市公共交通、农村交通以及城乡一体化等公共服务能力不断增强，全省城市公交车运营车辆超过 1.6 万辆，拥有公交专用车道 554.6 km；全省具备通客车条件建制村通客车率达到 100%，农村居民出行更加便捷。运输组织方式更加先进，全国多式联运示范工程、国家"无车承运人"试点在省内落地；中欧班列覆盖沿线 10 个国家的 25 座城市，累计运送物资 3.13 万标箱、35.92 万吨，市场化运行水平逐渐提高。

智能绿色安全交通发展成效显著。大数据、互联网等现代信息技术在交通运输领域加快应用，全省交通一卡通与全国 300 多个城市实现互联互通；高速公路 ETC 站点覆盖率达 100%，实现全国联网；省内 80 个道路运输客运站实现联网售票。绿色交通发展取得突破，新能源和清洁能源运输装备大范围推广，全省新能源城市公交车超过 1.2 万辆，纯电动出租汽车约 1.9 万辆；运输结构调整步伐加快，营运客货运输、城市客运能耗与碳排放强度显著下降；绿色公路工程创建顺利，综合取土、弃土与造地、复垦等取得积极成效。安全保障能力显著提升，公路安全生命防护工程建设覆盖近 7 000 km，危桥改造约 200 座，超过 1.8 万辆

"两客一危"车辆配备智能视频监控报警系统,安装率达到100%;全省货车非法超限超载率控制在0.2%以内,居全国领先水平。

(资料来源:《山西省"十四五"现代综合交通运输体系发展规划》)

项目任务

采购问题顺利解决,张明得到了大区经理的赏识,决定重点培养他,张明升职到仓配中心任经理。该仓配中心为蔬菜配送中心,主要从A地拉蔬菜到配送中心,然后给超市配送货物。张明发现该配送中心近几年效益下滑的主要原因是运输成本过高。

典型岗位

运输主管

1. 协助运务副总经理管理部门的各项业务工作。
2. 负责总公司及各分公司货运相关操作规范的制定,并负责实施中的指导与监督。
3. 负责协助总经理一同完成整个公司的物流规划工作,并负责实施中的指导与监督。
4. 负责与物流公司沟通,达成良好合作。
5. 负责物流费用的核定工作。
6. 负责处理货运过程中的各项突发性事件,并在最短时间内做出正确的处理方案。
7. 负责跟进货运过程中的每一个交接环节,必须确保货畅其流。
8. 负责调动各分公司的物流系统全面投入各项工作职能,确保按时供货、货物准点到位。
9. 负责运输保险的相关事宜,并完成出险后向保险公司的索赔工作。

学习目标

知识目标

1. 掌握运输相关软件的使用方法;
2. 掌握运输费用核算的方法;
3. 掌握优化运输成本的方法。

技能目标

1. 能够使用信息化手段处理运输业务;
2. 能够计算不同运输方式的运费;
3. 能够合理分析运输成本。

素养目标

1. 培养学生对运输的学习兴趣,明晰专业发展规划;
2. 培养学生动手实践的能力,树立正确的价值观。

工作任务一　运输管理系统

任务描述

张明上任仓配中心经理以来，充分认识到信息化管理的作用。信息化管理系统的模块布局非常齐全，具有高度的灵活性，可以根据企业本身的特点进行专业定制与调整，所有数据可以迁移或者备份，系统维护简单，使用安全，不会造成信息泄露，还可以随时更新与升级。有了软件加持，企业可以在管理系统的帮助下进行核心业务的拓展，从而利用信息化优势发挥特色。为了更好地优化公司的运输业务，张明使用了运输管理系统去管理配送中心的运输业务。

任务实操

1. 登录

冷链运输系统：http://192.168.1.160:6379/Admin/Home。
用户名：system，密码：××××××。
登录界面见图6-1。

图6-1　登录界面

2. 基本信息录入

录入企业的运输公司、车辆、司机、网点、货品等基本信息（见图6-2）。

3. 运输路线录入

运输路线用于创建运输订单，一个运输线路是由多个网点组成的。系统中可以查看所有的运输路线，并进行编辑、删除、新增等操作。需要录入的线路主信息有路线名称和联系人，启用信息，保存或修改主信息后，可以选择网点添加路线明细表（见图6-3）。

图 6-2　基本信息录入

图 6-3　运输路线录入

4. 商务管理信息录入

1）客户信息

管理平台中的"客户信息"模块（见图 6-4），可以查询、新增、删除、维护客户信息。

本模块支持客户单位名称、客户账号、客户简称、企业规模、注册资金、行业属性、联系人、联系人电话、客户邮编、客户传真、客户地址以及客户级别等信息的新增和修改（见图 6-5）。

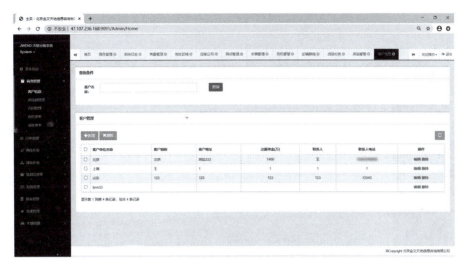

图 6-4　客户信息界面

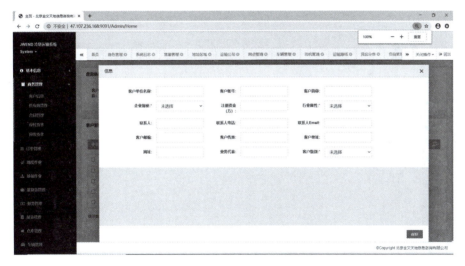

图 6-5　客户信息录入界面

2）供应商管理

管理平台中的"供应商管理"模块（见图 6-6），可以查询、新增、删除、维护客户信息。

本模块支持供应商单位名称、供应商账号、供应商简称、企业规模、注册资金、行业属性、联系人、联系人电话、联系人 Email、供应商邮编、供应商传真、供应商地址、网址、业务代表以及供应商级别信息的新增和修改（见图 6-7）。

图 6-6　供应商信息界面

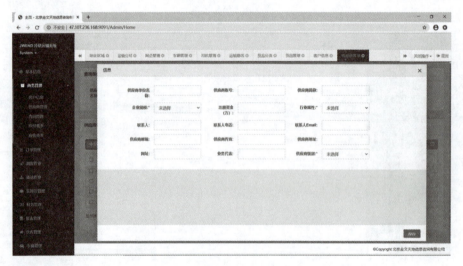

图 6-7　供应商信息录入界面

3）合同管理

管理平台中的"合同管理"模块（见图 6-8），用于记录签署的合同信息，可以查询、新增、删除、维护合同信息。

本模块支持公司名称、合同类型、公司编号、签订时间、合同地点、合同名称、开始时间、结束时间等信息的新增及修改（见图 6-9）。

4）应付费率

"应付费率"用于管理供应商及货品之间的运输费率，在结算时做计算使用，可以查询、修改、新增（见图 6-10）。

项目六 运输方案优化

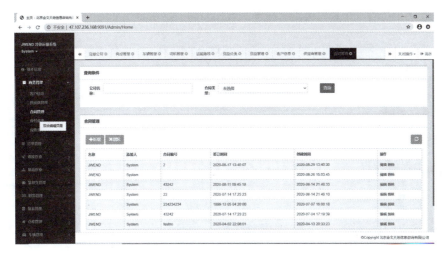

图6-8 合同信息界面

图6-9 合同信息录入界面

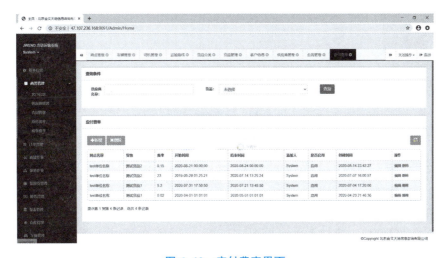

图6-10 应付费率界面

本模块支持供应商、货品、费率、状态、开始时间、结束时间的新增及编辑（见图6-11）。

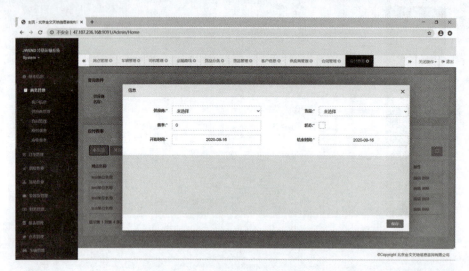

图6-11 应付费率录入界面

5）应收费率

"应收费率"模块用于管理客户及货品之间的运输费率，在结算时做计算使用，可以查询、修改、新增（见图6-12）。

图6-12 应收费率界面

本模块支持客户、货品、费率、状态、开始时间、结束时间等信息的新增及编辑（见图6-13）。

5. 订单管理信息

1）订单创建

客户在"订单创建"模块下单（见图6-14），一个订单可以选择多个货品，支持订单的编辑、新增及删除（见图6-15）。

项目六 运输方案优化

图 6-13 应收费率录入界面

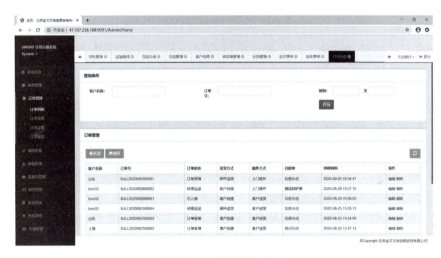

图 6-14 订单信息界面

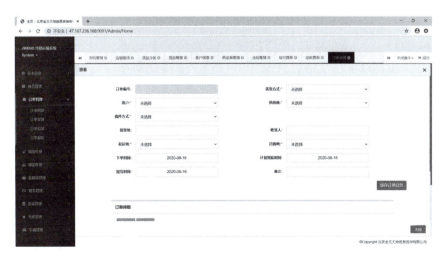

图 6-15 订单信息录入界面

2）订单信息录入

录入订单抬头信息（见图6-16），并选择客户相关信息，先保存抬头信息，再添加订单明细（指订单货品信息，可以选择货品、数量等信息）。

图6-16　订单信息录入界面

3）订单受理

创建好的订单，在"订单受理"模块中单击"受理"确认订单信息（见图6-17）。本模块支持删除订单信息等操作。

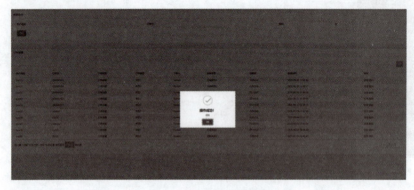

图6-17　订单受理信息

4）订单异常

本模块用于跟踪订单异常信息（见图6-18）。单击"新增"并输入订单号进行查询，可以查询到订单的抬头信息，然后可以根据实际需要添加订单的异常明细，添加后，在订单异常列表里可以查到该订单。

单击查询到的订单号，单击"添加异常"，录入异常类型、异常费用、责任人、责任原因、异常状态等信息（见图6-19）；如果异常状态已经解决，可以选择"解决"选项。

6. 调度作业

1）订单分单

如果订单货品中的明细数量过多，不能一次运输，可以对该笔货品进行明细拆分（见图6-20）。

项目六　运输方案优化

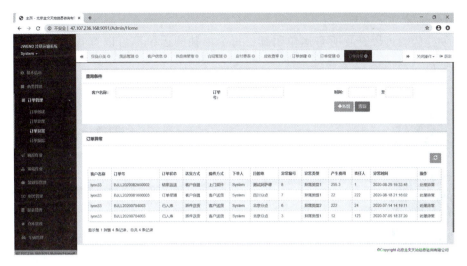

图 6-18　订单异常信息

图 6-19　订单异常录入信息

图 6-20　订单分单作业

2）运单创建

运单创建模块可以查看所有运单明细，每个单独的运单都可以查看其对应的货品明细（见图6-21）。

图6-21　运单明细界面

本模块支持运单类型、供应商、运输类型、车牌号、司机、线路、备注等信息的新增及编辑（见图6-22）。

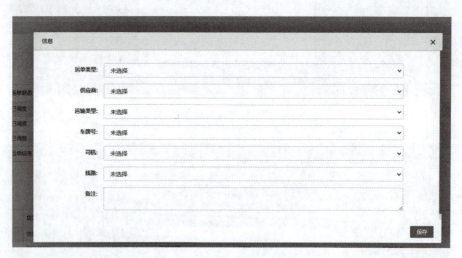

图6-22　运单明细录入界面

3）运单调度

在"运单创建"中创建运输订单后，即可在此模块选择需要一起运输的货品明细，然后单击"调度"，在弹出的界面中选择运单进行运输（见图6-23）。

项目六 运输方案优化

图 6-23　运单调度界面

4）输入供应商、订单号、时间、运单号、车牌号、运输状态、线路查询条件，查询运单信息，然后选择一条运单信息，保存和货品明细的关联关系（见图 6-24）。

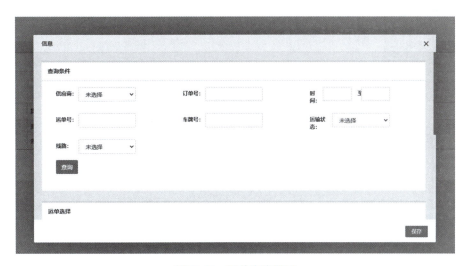

图 6-24　运单查询界面

5）待取

本模块用于空车出库及揽货入库，适用于需要上门收货的运单（见图 6-25）。

6）待到达

在运单途经网点或者到达网点后，本模块中会显示待到达的运单（见图 6-26）。

7）待发运

用于装配完成的运单，确认运单开始运输（见图 6-27）。

187

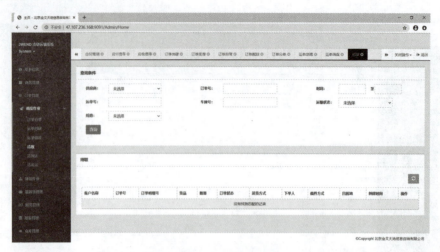

图 6-25 调度待取界面

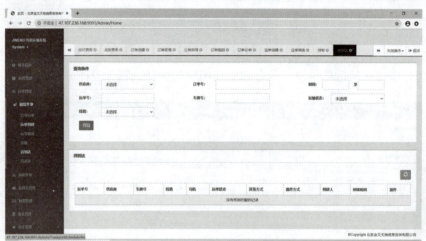

图 6-26 调度待到达界面

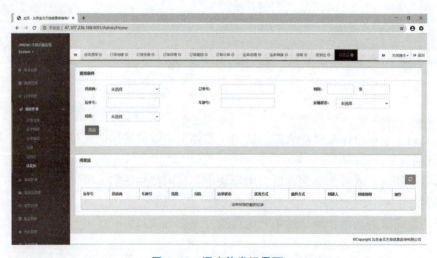

图 6-27 调度待发运界面

7. 场站作业

1）发运到达

用于送货上门的运单，确认已经送达客户地址（见图6-28）。

图6-28　发运到达界面

2）客户自提

用于上门自提的运单，客户将自行提取到达网点的货物（见图6-29）。

图6-29　客户自提界面

3）配送操作

用于需要配送的运单，并为其安排送货上门（见图6-30）。

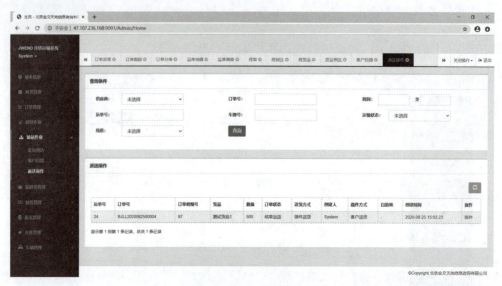

图 6-30　配送操作界面

8. 装卸货管理

1）装车检查

货物装车完毕后，需要装车检查，在本模块录入车厢温度、湿度、记录人、车厢卫生、温度预冷、冷藏车机组是否关闭、样品取样、装车时间、铅封时间、铅封人、备注等信息，并保存当次记录（见图 6-31）。

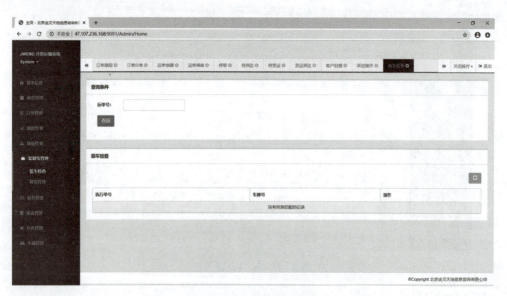

图 6-31　装车检查界面

2）卸货管理

货物到达网点后，开始卸货，卸货完成后要在系统记录，录入卸货开始时间、地点、卸货人、备注等信息，并保存本次卸货记录（见图 6-32）。

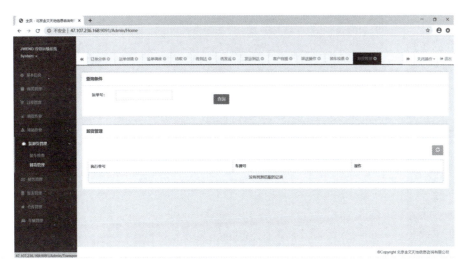

图 6-32　卸货管理界面

9. 车辆管理

1）运输公司

可以查看设置好的运输公司信息（见图 6-33）。

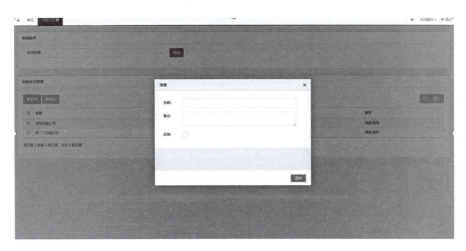

图 6-33　设置运输公司信息

2）车辆管理

选中运输公司，可以查看设置好的运输车辆信息、车辆电子围栏信息等。

需要在本模块中设置车辆气体、温度、湿度警告值，车辆基本信息，配置车辆 GPS、GAS、视频信息，选择警告信息接收人等。

10. 财务管理

1）计费管理

按照应收费率及订单、客户、运单、货品的关联关系，生成每笔运输货品明细的应收费用（见图 6-34）。

图 6-34　计费管理界面

2）运输成本

按照应付费率及供应商、订单、运单、货品的关联关系，生成每笔运输货品明细的应收费用（见图 6-35）。

图 6-35　运输成本界面

练一练

你收到一份客户订单信息（见图 6-36），该如何进行信息的录入和管理呢？请在系统中进行操作。

客户订单

苏州××有限公司订单信息

单号	PO1026		装运工厂城市	苏州
装运工厂名称	苏州××有限公司		承运单位	靖远货代
装运工厂地址	苏州市经济技术开发区××号 联系人：××× 电话：1321123××××		要求提货日期	2017/2/24 14：00：00
提货要求	司机携带正本提货委托函		车型要求	禁止用平板车和栏板车
交货地点	靖远货代公司上海洋山保税港区分拨中心 上海市南汇区新城镇同顺大道656号		最晚交货日期	2017/2/25 18：00：00
序号	产品图号	产品名称	质量/kg	包/箱	总包数	总箱数
1	183679510	培乐多-多彩派对玩具包	1 000.00	12	6 000	500

备注：产品183679510 纸箱包装，外箱尺寸为35.0 cm×21.5 cm×13.5 cm。

图6-36 客户订单信息

知识链接

1. 运输管理软件介绍

此软件根据车辆定位追踪技术、温度传感技术、气体传感技术和GPRS通信技术，将货况信息数据自动传输至云平台。系统由车载终端和冷链物流云平台组成。其中，车载终端由GSM/GPRS模块、电源线、温度传感器、气体传感器实体设备等组成。冷链物流云平台由调度监控系统、应用管理系统、数据库、报表管理系统组成。冷链物流云平台是实现车辆与调度监控中心信息交换的载体，一般指GSM/GPRS/CDMA基站及互联网，冷链物流云平台是整个信息系统的通信核心，负责与车载GPRS监控终端的信息交换，以及各种内容和控制信息的分类、记录和转发。

系统通过各冷链运输车辆实时回传采集数据，管理部门可实时了解所属车辆的行驶状况、位置信息、温度、湿度等情况，实现客户和合作伙伴之间业务的高度协同，增强冷链物流服务的应变和监控能力，提高冷链物流效率，降低成本，实现对冷链物流运作的统一调度与监控，实现运输路线最优、库存质量最佳、货物组配最合理、物流成本最低的目标，为客户提供及时准确的冷链物流服务。

2. 公路货运车辆超限超载认定标准

二轴货车车货总质量不应当超过行驶证标明的总质量；每减少两个轮胎，其总质量限值减少3 t。

安装轮胎名义断面宽度不小于425 mm的挂车及其组成的汽车列车，驱动轴安装轮胎名义断面宽度不小于445 mm的载货汽车及其组成的汽车列车，其总质量限值不予核减。

驱动轴为每轴每侧双轮胎且装备空气悬架时，三轴和四轴货车的总质量限值各增加1 t，驱动轴为每轴每侧双轮胎并装备空气悬架，且半挂车的两轴之间的距离不小于1 800 mm的四轴铰接列车，总质量限值为37 t。

知识拓展

3S 技术

空间信息技术（Spatial Information Technology）是20世纪60年代兴起的一种新兴技术，70年代中期以后在我国得到迅速发展。空间信息技术主要包括全球导航卫星系统（Global Navigation Satellite System，GNSS）、地理信息系统（Geographic Information System，GIS）和遥感（Remote Sensing，RS）理论与技术，同时结合计算机技术和通信技术，进行空间数据的采集、量测、分析、存储、管理、显示、传播和应用等。空间信息技术在广义上也被称为"地球空间信息科学"，在国外被称为 GeoInformatics。

1. 全球导航卫星系统

全球导航卫星系统是一种以卫星为基础的无线电导航系统，可发送高精度、全天时、全天候、连续实时的导航、定位和授时信息，是一种可供海陆空领域的军民用户共享的信息资源。GNSS 通常表示空间所有在轨运行的卫星导航系统的总称，是一个综合的星座系统。

2. 地理信息系统

地理信息系统是一种采集、存储、管理、分析、显示与应用地理信息的计算机系统，是分析和处理现实世界（资源与环境）的海量地理数据的通用技术。GIS 的技术优势在于它的地理空间数据管理、综合、模拟与分析评价及可视化展示能力，可以得到常规方法或普通信息系统难以得到的重要信息，实现地理空间过程演化的模拟和预测。

3. 遥感

遥感是以电磁波与地球表面物质相互作用为基础，利用遥感器和数据处理、分析系统，探测、分析和研究地球资源与环境，揭示地球表面各要素的空间分布特征和时空变化规律的一门科学技术。

素养园地

百年中国铁路史，百年交通强国梦

党的二十大报告提出加快建设交通强国。其中，铁路"跨越式"发展彰显了国人的交通强国梦。从1909年中国第一条自行设计、建设、运营的京张铁路竣工，到2020年中国铁路营业里程超过14.14万千米，尤其是近十余年来中国高铁运营里程从0发展至37 900千米，"八纵八横"的铁路聚网铺盖在960万平方千米国土上。中国铁路从早期曲折历程到跨越式发展，无不凝聚着百年来国人智慧的结晶。铁路的发展，给国家、社会带来的"辐射效应"日益凸显，刺激消费，拉动内需，加快沿线城市经济发展，成为提升综合国力的"催化剂"。

项目六 运输方案优化

中国铁路跑出世界速度。112 年前,京张铁路投入运营时的速度是 20~25 km/h。1994 年,广深铁路完成既有线改造,速度提升至 160 km/h,成为中国首条准高速铁路,1997—2007 年,中国铁路又经历了 6 次大提速,到 2008 年,京津城际铁路开通运营,成为中国第一条速度 350 km/h 级别高速铁路。100 年间,中国铁路一路风雨兼程,一路砥砺前行,在建设中不断创新,科技成果和智慧思维融入铁路自主创新中,实现了时速从 20 km 到时速 350 km 的飞跃,完成了由"中国制造"向"中国创造"的转变,中国高铁俨然成了世界上亮眼的名片,成为铁路高尖端技术的代表。

任务评价与分析

	评价项目	指标说明	分值	自评分	教师评分
技能能力	录入基本信息	熟悉软件,正确录入信息	10		
	录入订单信息	熟悉软件,正确录入信息	10		
	完成调度作业	熟悉软件,正确录入信息	20		
	完成场站作业	熟悉软件,正确录入信息	10		
	完成运输报表	熟悉软件,正确录入信息	10		
素养能力	思考分析能力	能运用相关的知识结合案例进行分析	20		
	团队合作能力	认真参与讨论,完成相关小组任务	5		
	沟通能力	能及时与成员沟通,完成任务	15		
得分	任务得分	—			
	任务总得分	(自评 40%+教评 60%)			
分析总结	任务总结				
	反思和建议				

工作任务二 核算运输费率

任务描述

运输中心部门主要面临的问题是成本过高,作为新的部门负责人,张明该如何解决这一问题呢?解决该问题首先要核算运输费率,不同的货物该采用何种方式运输呢?每种方式的运费分别为多少呢?请大家讨论。

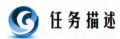
任务实操

1. 公路运输

1)整批货物运费的计算公式

整批货物运费(元)= 吨次费(元/t)×计费质量(t)+整批货物运价[元/(t·km)]×
　　　　　　　　计费质量(t)×计费里程(km)+货物运输其他费用(元)

其中,整批货物运价按货物运价的价目计算。

2)零担货物运费的计算公式

零担货物运费(元)= 计费质量(kg)×计费里程(km)×零担货物运价[元/(kg·km)]+
　　　　　　　　货物运输其他费用(元)

其中,零担货物运价按货物运价的价目计算。

3)集装箱运费的计算公式

重(空)集装箱运费(元)= 重(空)箱运价[元/(箱·km)]×计费箱数(箱)×
　　　　　　　　　　计费里程(km)+箱次费(元/箱)×计费箱数(箱)+
　　　　　　　　　　货物运输其他费用(元)

其中,集装箱运价按计价类别和货物运价费目计算。

4)计时包车运费的计算公式

包车运费(元)= 包车运价[元/(t·h)]×包用车辆吨位(t)×计费时间(h)+
　　　　　　货物运输其他费用(元)

其中,包车运价根据车辆的不同类别分别制定。

由以上公路货物运费的计算公式可以看出,计算公路货物运费,关键在于明确公路货物运输的运价价目、计费质量(箱数)、计费里程(时间)以及货物运输的其他费用。

假设一批货物(属于普货三级),重 2 800 kg,长 3.5 m,高 2 m,宽 2 m,从济南运往齐齐哈尔,零担货物运价为 0.002 元/(kg·km),试计算其最高运费,并与用 5 t 的整车运输相比较,哪种运输方式更划算?(假设整车货物运价为 0.27 元/(t·km),从济南到齐齐哈尔的距离为 2 000 km)

2. 班轮运输

1) 班轮运费的构成

班轮运费是按照班轮公司制定的班轮运价表计算的。

$$班轮运费 = 基本运费 + 附加费用$$

2) 班轮运费的计算流程

第一步，查货物分级表。先根据货物的英文名称在货物分级表中查出该货物属于什么等级、按什么标准计费。

第二步，查航线费率表。根据货物等级和计费标准，在航线费率表中查出货物的基本运费费率。

第三步，查附加费率（额）表。

练一练

假设出口箱装货物共 100 箱，每箱 2 000 kg，每箱长为 150 cm，宽为 100 cm，高为 110 cm，基本运费率为 26 美元每运费吨，按质量（W）计算运费，加收燃油附加费 10%，货币贬值附加费 20%，转船附加费 40%，请计算这批货物的运费。

3. 航空运输

$$航空运费 = 货物计费质量 × 对应的货物运价$$

航空运费遵循"从低原则"。当货物计费质量接近某个质量分界点的质量时，将计费质量和对应的货物运价所计算出的航空运费与该质量分界点的质量和对应的货物运价计算出的航空运费相比较，取其低者。

练一练

托运人交运一件从广州运往成都的货物，毛质量 3.1 kg，货物品名为服装样本，包装为纸箱，尺寸为 20 cm×30 cm×20 cm，计算该票货物航空运费。

运价：	M	30.00
	N	6.70
	45	4.00
	100	2.30
	300	2.00

 知 识 链 接

1. 常见的物流运输方式

1）公路运输

公路运输是主要使用汽车，也使用其他车辆（如人、畜力车）在公路上进行货客运输的一种方式。公路运输主要承担近距离、小批量的货运，水运、铁路运输难以到达地区的长途、大批量货运以及铁路运输、水运优势难以发挥的短途运输。由于公路运输有很强的灵活性，近年来，在一些有铁路运输、水运的地区，较长途的大批量物流运输也开始使用公路运输。

公路运输主要优点是灵活性强，对收到站设施要求不高。公路运输可以采取门到门的运输形式，即从发货者门口直接送达收货者门口，而无须转运或反复装卸搬运。公路运输也可作为其他运输方式的衔接手段。公路运输的经济半径一般在 200 km 以内。

2）铁路运输

铁路运输是使用铁路列车运送客货的一种运输方式。铁路运输主要承担长距离、大数量的货运，在没有水运条件地区，几乎所有大批量货物都依靠铁路运输，铁路运输是在干线运输中起主力运输作用的运输形式。

铁路运输优点是速度快，运输受自然条件限制较小，载运量大，运输成本较低；主要缺点是灵活性差，只能在固定线路上实现运输，需要其他运输手段的配合和衔接。铁路运输经济里程一般在 200 km 以上。

3）水运

水运是使用船舶运送客货的一种运输方式。

水运主要承担大数量、长距离的物流运输，是在干线运输中起主力作用的运输形式。在内河及沿海地区，水运也常作为小型运输工具使用，担任补充及衔接大批量干线运输的任务。

水运的主要优点是成本低,能进行低成本、大批量、远距离的运输。但是水运也有显而易见的缺点,如运输速度慢,受港口、水位、季节、气候影响较大,一年中中断运输的时间较长。

4) 航空运输

航空运输是使用飞机或其他航空器进行运输的一种形式。航空运输的单位成本很高,因此,主要适合运载的货物有两类,一类是价值高、运费承担能力很强的货物,如贵重设备的零部件、高档产品等;另一类是紧急需要的物资,如救灾抢险物资等。

航空运输的主要优点是速度快,不受地形的限制。在火车、汽车无法到达的地区可依靠航空运输,因而航空运输也有其重要意义。

5) 国际多式联运

国际多式联运简称多式联运,是在集装箱运输的基础上产生并发展起来的,是指按照多式联运合同,以至少两种不同的运输方式,由多式联运经营人将货物从一国境内的接管地点运至另一国境内指定交付地点的货物运输方式。国际多式联运适用于水路、公路、铁路和航空多种运输方式。在国际贸易中,由于85%~90%的货物是通过海运完成的,故海运在国际多式联运中占主导地位。

2. 常见的海运附加费

1) 码头操作费

码头操作费简称THC,全称是Terminal Handling Charge。THC可进一步分为OTHC(Origin Terminal Handling Charge,起运港码头操作费)和DTHC(Destination Terminal Handling Charge,目的港码头操作费)。

2) 原产地附加费

原产地附加费包括本地收货费、原产地收货费、原产地接货费。

3) 综合费率上涨附加费

综合费率上涨附加费一般用于南美航线、美国航线。港口、船舶、燃油、货物或者其他种种原因,使船舶公司的运输成本明显增加,船东为补偿这些增加的开支,会加收综合费率上涨附加费。

4) 集装箱不平衡附加费

这个费用是由贸易量的不平衡或季节性变化导致的货流量和集装箱不平衡,船舶公司为了弥补调运空集装箱的成本而加收的一种附加费。

5) 紧急燃油附加费

紧急燃油附加费(EBS)是海运费用的一种附加费,和海运费用一样一般用美元结算。如果双方签订的是船上交货(FOB)条款,则这个费用应该由收货方承担,而不由发货方承担,因为EBS不属于FOB当地费用。这个费用可以到付,也可以预付。EBS一般是在国际原油价格快速攀升,船舶公司觉得超过了自己的承受能力,且行情不旺又不方便及时上涨海运费用的情况下,为了弥补快速上涨的成本,而临时加收的一种附加费。

6) 燃油附加费

燃油附加费一般用于日本航线。这个附加费与紧急燃油附加费有点类似。

7) 货币贬值附加费

当运费的计收货币发生明显贬值时,船舶公司会因为货币贬值而受到较大损失。船东为了弥补损失，就会通过加收货币贬值附加费的方式把损失转嫁给托运人或货主。

8）文件费

文件费简称 DOC（Document），在货代行业中，DOC 包含两种费用，一种是船舶公司收取的 DOC，是固定收费，按人民币收取；另一种是目的港收取的 DOC，也是目的港的基本费用之一，目的港代理按美元收取，每个代理的收费标准不一样。

9）临时风险附加费

该费用可以简单理解为战争附加费，或者认为是战争附加费的另一种说法。

10）超重附加费

超重附加费指单件货物的质量超过了一定的标准（不同货代或船东所规定的标准可能不一样），需要特殊设备（如重型吊机）或者进行特殊操作（如需要垫料、加固材料和人工进行捆绑或加固），装卸作业比较困难，或在船舶积载上需要特殊处理，船东为了弥补增加的操作成本而收取的一种附加费。

一般为超过 2 t、3 t 或 5 t 就算超重。超重附加费按照质量计收，质量越大，附加费越高，如果要转船，则每转船一次，加收一次超重附加费。

11）超长附加费

超长附加费指单件货物的长度超过了一定的标准（不同货代或船东所规定的标准可能不一样），需要特殊设备或者进行特殊操作，装卸作业比较困难，或在船舶积载上需要特殊处理，船东为了弥补增加的操作成本而收取的一种附加费。

知识拓展

快递、快运企业如何降低运输成本？

1. 顺丰、圆通、德邦快递的成本分类

每一家上市企业都有基于企业自身的成本分类。我们选取比较有代表性的三家企业——顺丰、圆通、德邦快递来进行分析对比。先看圆通。圆通的快递成本主要是按照操作环节来进行分类的，比如末端派送成本、干线运输成本、分拨操作成本、网点中转成本等。这种分类方式的好处，是可以清晰地把加盟商的成本与总部的成本划分开，非常适用于加盟制企业。德邦的分类逻辑与圆通不同，是按照成本的属性来分类，比如人力成本、运费、房租、折旧成本等。因为对于直营制的德邦快递来说，运营上并无"内外之分"，所有的环节都是企业来承担，从成本属性上分类能更直观地看到具体成本项的变化。顺丰的分类逻辑与德邦类似，但细节上有所不同。比如，顺丰的成本中有一项占比高达 63% 的外包成本，其主要是运输的外包，其次是人力的外包、信息技术的外包等。由于顺丰的干支线环节大量使用外包运力（2020 年自营及外包干线车辆为 5.8 万辆），所以会把这一项成本独立出来。

2. 运输三环节与降本三核心

（1）三大运输环节：干、支、派

快递、快运企业的运输成本占总成本的 50% 以上，主要消耗在干线、支线、收派这三个运输环节。干线运输就是分拨中心到分拨中心的长距离运输。这一环节中，运输车型一般是 9.6 m 及以上的厢式货车；运营上，统一由快递、快运企业负责。支线运输主要指分拨中心到网点的中短途运输。运输车型一般是 4.2~9.6 m 的厢式货车；运营上，直营制企业由企业自身负责，加盟制企业由加盟商负责。收派环节指网点、分拨中心/配送中心到客户的短途运输。车型上，快运一般为 4.2 m 及以下的车型，快递则更小，如面包车、三轮车等；运营上与支线类似，直营制企业由企业自身负责，加盟制企业由加盟商负责。不管实际承运的车辆是公司自营车，还是外部合同车，其实际运营与运输成本都由快递、快运企业承担。

（2）边际成本降低的三个核心：规模效应、效率管理、成本缩减

运输成本降低的实质是边际成本的降低。这也是为什么头部快递公司喜欢对比票均，如票均干线运输成本、票均分拨操作成本等。

企业降低边际成本的首要措施是扩大业务量，实现规模效应。因此，快递企业这两年拼命"以价换量"，生怕自己的业务量被吃掉，导致边际成本提高，进入成本崩盘的恶性循环。

其次是效率的管理。这可以具体到快递员的收派效率、干支线端的车辆装载率以及车辆使用效率等的提升。企业配备分拣设备和自有车辆、实现数字化等都是通过新的变革来激发效率的提升，把边际成本曲线的极限降低。

最后是成本的缩减，比如人员缩减、激励调整、资产减持等。须注意，缩减成本是一把"双刃剑"，过度的缩减会直接打击企业员工的士气。

3. 调整薪酬结构、运力方式、管理效率，三种降本策略分析

上文中提到降低边际成本的三个核心，可以简单理解为扩大业务量、提高效率、缩减成本。从成本角度来看，降本策略主要集中在后两者，即主要从薪酬结构、运力方式、管理效率三个方面展开。

（1）薪酬结构：调整下的隐藏利润差

多年来，快递员与司机的薪酬结构已经悄无声息地发生了多次变化，比如快递员从有底薪到无底薪，司机从无绩效考核到多条绩效考核等。这类薪酬结构的调整有一些是合理的结构变化，有一些是为了激励员工，还有一些是隐藏的一线员工未能感知的"价值剥削"。

以快递员为例。早年快递业务量比较小，快递员的薪酬组成是底薪+提成的方式，这样可以让新入行的低效快递员有一定的生存空间。随着头部快递企业集中度不断提升，快递量越来越大，快递员的薪酬结构也逐渐发生了改变，薪酬结构调整为无底薪，并且提成直接与服务、货损、时效等挂钩。快递员实际工资提升的比例与企业实际效率提升的比例随着薪酬结构的调整逐渐拉大。快递员虽然工资在涨，但是效率提升最大的获益者首先是企业，其次才是员工。

（2）运力方式：找到运力选择最优解

干线运输成本是运输成本中最大的一环。目前，快递、快运企业使用的运力方式主要分为平台运力、合同运力、共建运力、自有运力四大类型。不同运力方式的成本和风险不同，需要企业根据自身情况进行评估选择，以达到整体运输成本最优的目的。

（3）管理效率：管理能力是下一道护城河

①管理能力决定资产使用效率

相同的资产，对于不同的物流企业来说，其使用效率并不相同。比如，快递企业大规模推进分拨自营、车队自营，但各企业的单票分拣成本与干线运输成本仍有较大差异。

这些差异一方面是企业货量与资产规模的差异，另一方面是企业成本管理能力的差异。特别是管理能力方面，如各项成本管理的专业度、流程的优化，甚至是新技术的应用等，不同企业对这些方面的重视程度、投入的时间与资金都有所不同，导致组织管理能力逐渐拉开距离。

②精细化管理刚刚开始

资产的使用效率是一个结果，比如车辆利用率、车辆装载率、仓库周转率、货物装卸效率等。企业提高资产使用效率，往往需要通过精细化管理来实现。

以燃油成本为例，燃油是干线运输的主要成本之一。企业需要根据线路情况决定加油点、加油品牌以及加油方式，根据区域的车流量决定是否建立撬装，根据整体用油量和市场经验再决定是否做油品贸易，基于自身情况决定管理的深度，基于管理专业性来决定如何控制成本。

（资料来源：腾讯网）

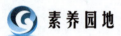

素养园地

共建"一带一路"，促世界经济发展

党的二十大报告指出，"'一带一路'成为深受欢迎的国际公共产品和国际合作平台"，并提出了"推动共建'一带一路'高质量发展"的要求。"一带一路"是指"丝绸之路经济带"和"21世纪海上丝绸之路"，它将充分依靠中国与有关国家既有的双多边机制，借助既有的、行之有效的区域合作平台。"一带一路"的建设不仅不会与上海合作组织、欧亚经济联盟、中国—东盟（10+1）等既有合作机制产生重叠或竞争，还会为这些机制注入新的内涵和活力。共建"一带一路"倡议提出以来，从夯基垒台、立柱架梁到落地生根、持续推进，都取得了令人瞩目的丰硕成果，共建"一带一路"的朋友圈越来越大，合作质量越来越高，发展前景越来越好。作为世界第二大经济体，中国在追求实现自身现代化的同时，坚定历史自信，增强历史主动，同共建各方共同努力，推动共建"一带一路"高质量发展，必将为促进世界经济增长、增进各国人民福祉、推动构建人类命运共同体作出更大贡献。

任务评价与分析

评价项目		指标说明	分值	自评分	教师评分
技能能力	公路运输	了解运输费用的组成，能正确计算运费	20		
	海运运输	了解运输费用的组成，能正确计算运费	20		
	航空运输	了解运输费用的组成，能正确计算运费	20		
素养能力	思考分析能力	能运用相关的知识结合案例进行分析	20		
	团队合作能力	认真参与讨论，完成相关小组任务	5		
	沟通能力	能及时与成员沟通，完成任务	15		
得分	任务得分	—			
	任务总得分	（自评40%+教评60%）			
分析总结	任务总结				
	反思和建议				

工作任务三 优化运输成本

任务描述

为更优质地服务客户,A 公司建立了 3 个蔬菜配送中心 A_1、A_2、A_3,给 3 个大型超市 B_1、B_2、B_3 送货,其运输信息如表 6-1 所示。如何调运能使总运费最小?针对这个问题,张明与团队展开讨论。假设运输总成本等于运输的单位成本乘以运输的数量,团队讨论使用表上作业法进行调运,该如何计算呢?

表 6-1 运输信息

配送中心	配送中心到超市的运费/千元			产量/t
	B_1	B_2	B_3	
A_1	3	5	5	20
A_2	1	3	2	40
A_3	2	3	4	30
销量/t	60	20	10	

任务实操

1. 求解初始方案

1)最小元素法

最小元素法的核心是就近供应,即从单位运价表中最小的运价开始确定供销关系,然后次小,一直到给出初始基本可行解为止。根据最小元素法,表 6-1 中,A_2 到 B_1 的运费为 1 千元,为最小,因此将 A_2 的 40 t 全部送到 B_1,则 A_2 至 B_2、B_3 的运量为 0。再分析,A_3 到 B_1 的运费为 2 千元,为最小,B_1 还需 20 t,则将 A_3 的 20 t 分给 B_1。请按照以上思路,完善表 6-2。

表 6-2 最小元素法方案

配送中心	配送中心给超市的送货量/t			产量/t
	B_1	B_2	B_3	
A_1	0			20
A_2	40	0	0	40
A_3	20			30
销量/t	60	20	10	

2)西北角法

这种方法遵循"优先安排运价表上西北角位置的运输业务"的规则,从运价表的西北角（左上角）格开始，在格内标上允许取得的最大数，然后按行（列）标下一格的数；若某行（列）的产量（销量）已满足，则把该行（列）的其他格划去；如此进行下去，直至得到一个基本可行解。请运用西北角法，完成表6-3。

表6-3 西北角法方案

配送中心	配送中心给超市的送货量/t			产量/t
	B_1	B_2	B_3	
A_1				20
A_2				40
A_3				30
销量/t	60	20	10	

3）沃格尔（Vogel）法

沃格尔法又称差值法，该方法考虑到，最初按某一最小单位运价优先安排物品调运时，在后续调运过程中却可能不得不采用运费很高的其他供销点，从而使整个运输费用增加。沃格尔法的基本思想是，在运价表中分别计算出各行各列的最小单位运价和次小单位运价之差，并将这两个单位的运价之差称为该销售地或供应地的罚数，然后按照最小单位运价对罚数最大处安排运输。这是因为，若罚数的值很大，说明不按最小运价组织运输就会造成很大的运费损失。请运用沃格尔法完成表6-4。

表6-4 沃格尔法方案

配送中心	配送中心给超市的送货量/t				行罚数		
	B_1	B_2	B_3	产量/t			
A_1				20	2		
A_2				40	1		
A_3				30	1		
销量/t	60	20	10				
列罚数	1	0	2				

2. 检验是否最优

1）闭回路法

从任务描述可知，共有3个蔬菜配送中心A_1、A_2、A_3，记为A_i（$i=1$，2，3），有3个大型超市B_1、B_2、B_3，记为B_j（$j=1$，2，3）。

每个空格有唯一一条闭回路（其余拐点为数字格），将"偶次拐点运价和-奇次拐点运价和"记为λ_{ij}，称λ_{ij}为检验数，全部$\lambda_{ij} \geq 0$时，$\{x_{ij}\}$为最优解。

根据最小元素法的求解方案，A_1至B_1的量为0，其闭回路为A_1B_1—A_1B_2—A_3B_2—A_3B_1，计算其$\lambda_{11} = -1 < 0$，因此非最优。

请根据闭回路法计算其他空格的检验数。

2）位势法

位势法步骤如下。

已知基本可行解 $\{x_{ij}\}$：

①对有运量的 x_{ij}，解方程 $u_i+v_j=c_{ij}$，得到（u_i，v_j）；

②对没有运量的 x_{ij}，计算 $\lambda_{ij}=c_{ij}-u_i-v_j$，若 λ_{ij} 全大于等于 0，则停；否则在负检验数中，计算 $\max\{-\lambda_{ij}\}=-\lambda_{PQ}$；

③转方案调整。

以最小元素法求解方案为例，根据位势法的步骤求解位势：

$$u_1+v_2=5$$
$$u_1+v_3=5$$
$$u_2+v_1=1$$
$$u_3+v_1=2$$
$$u_2+v_2=3$$

假设 v_1 为 0，请计算位势 u_i 和 v_j，并计算 λ_{ij} 是否大于等于 0。

3. 方案调整

调整方案的基本步骤如下。

①求出没有运量的 x_{ij} 闭回路，将 x_{ij} 换入。

②调整量 $\theta=\min\{偶拐点处运量\}$，确定换出变量。

③偶拐点运量$-\theta$，奇拐点运量$+\theta$。

④得到新基本可行解后，重新进行最优性检验。

项目六 运输方案优化

根据最小元素法的求解方案，A_1 至 B_1 的运量为 0，且检验数为负，即运量需要调整。A_1B_1—A_1B_2—A_3B_2—A_3B_1 四个拐点中，偶拐点处运量最小量为 10，则 A_1B_1 和 A_3B_2 运量加 10，A_1B_2 以及 A_3B_1 减 10。请将最优的运输方案填入表 6-5，并计算运输成本。

表 6-5　最优运输方案

配送中心	配送中心给超市的送货量/t			产量/t
	B_1	B_2	B_3	
A_1				20
A_2				40
A_3				30
销量/t	60	20	10	

知识链接

1. 表上作业法定义

表上作业法是指用列表的方法求解线性规划问题中运输模型的计算方法，是线性规划一种求解方法，其实质是单纯形法，故也称运输问题单纯形法。当某些线性规划问题采用图上作业法难以直观求解时，就可以将各元素列成表格作为初始方案，然后采用检验数来验证这个方案，否则就要采用闭回路法、位势法等方法进行调整，直至得到满意的结果。这种列表求解方法就是表上作业法。

2. 表上作业法求解步骤

①求初始的调运方案（初始基本可行解），即在有 $m×n$ 格子的运输表上给出 $m+n-1$ 个数字格。这些数字格对应于 $m+n-1$ 个基本变量。

②计算表中各空格（对应于非基变量）的检验数，以判定当前解是否最优解，若已是最优解则停止计算，否则转入第③步。

③进行方案调整，即从一个基本可行解转换成另一个"更好"的基本可行解，返回第②步。

知识拓展

顺丰：三网体系持续强化，时效壁垒无可撼动

顺丰不断夯实和升级其独特的、稀缺的"天网+地网+信息网"三网合一的综合性物流服务网络，持续巩固和扩大其在行业内的领先优势。顺丰长期通过购置飞机、车辆、自动化分拣设备等固定资产不断完善三网布局，形成了全面覆盖国内外的综合服务网络。直营模式与一贯的技术研发帮助顺丰实现了对自身物流网络的全面精细化管理，也实现了对物流全链路过程的准确监测。

1. 天网。顺丰航空是国内全货机数量最多的航空公司，货机数量、航线数量及运输能力均保持国内领先，目前快递行业仅 EMS 及圆通拥有自有机队。2020 年，顺丰加快了自营全货机的购置节奏，一方面及时应对时效业务需求量的快速增长，另一方面开始着手为年底建成的鄂州机场的运营提前布局。全年新购置3架，总货机量提升至61架（从2021年截止到目前，顺丰已经新购置3架全货机）。顺丰近两年还加快了对宽体机的采购，在空运枢纽及主要航线上使用宽体机直飞，将有效地降低单位运力成本。全货机发货量84.89万吨，同比增长46.7%。散航方面，2020年顺丰散航线路条数增长至2 027条，发货总量82.36万吨，同比增长6.34%。报告期内，航空发货量总计167.25万吨。

2. 地网。顺丰继续在各地积极布局枢纽及片区中转场，新建18个片区中转场，共计147个。顺丰近年来加快了对自动化分拣设备的布局，目前已经有121个中转场实现了自动分拣，较2019年年末增加61个，实现小件自动分拣率超过70%，大件自动分拣率超过40%，确保快递在单个中转场停留不超过2小时，在提升分拣效率的同时，有效降低了中转端成本。在运输线路方面，公司在注重线路优化的同时继续拓展运输干线，开发下沉市场。2020年年末，顺丰共计拥有运输干线约13万条，干支线运送车辆5.8万余辆，末端收派车辆10.5万余辆，业务覆盖范围进一步扩大9亿票，占公司总业务量的11%。

3. 信息网。顺丰自主研发的信息化平台能够覆盖公司各个业务环节和场景，通过掌握各个环节中的实时数据，快速、灵活、全面地对各项业务赋能，推动物流全链路的信息相互连通。业务中的数据与信息是系统优化的基础，顺丰通过利用运筹优化、机器学习等技术不断优化信息网络，实现精简运输线路，通过件量预测进行前置仓配送等，从而降低运输端成本，同时提升收派时效性。2020年，"双11"顺丰件量预测成功率达到102.27%，预测值与实际运送量仅差2个百分点；同时，"双11"首日顺丰派送成功率达到96.4%，而2019年仅为60%左右。信息网络已经成为顺丰的"智慧大脑"，为未来更多环节的优化提供了无限可能。

(资料来源：顺丰控股专题研究报告)

任务评价与分析

	评价项目	指标说明	分值	自评分	教师评分
技能能力	最小元素法	掌握计算方法，能正确计算	10		
	西北角法	掌握计算方法，能正确计算	10		
	差值法	掌握计算方法，能正确计算	10		
	闭回路法检验	掌握计算方法，能正确计算	15		
	位势法检验	掌握计算方法，能正确计算	15		
素养能力	思考分析能力	能运用相关的知识结合案例进行分析	20		
	团队合作能力	认真参与讨论，完成相关小组任务	10		
	沟通能力	能及时与成员沟通，完成任务	10		

续表

	评价项目	指标说明	分值	自评分	教师评分
得分	任务得分	—			
	任务总得分	（自评40%+教评60%）			
分析总结	任务总结				
	反思和建议				

项目七 执行配送作业

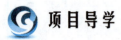 项目导学

弘扬奉献精神，争当敬业标兵

除夕之夜，汪勇在朋友圈看到有人转发的求助信息，由于公交停运，新冠肺炎（2022年12月26日，国家卫生健康委员会发布公布，将其更名为新型冠状病毒感染）定点医院金银潭医院的夜班医护人员下班后只能步行回家，最远的要走4小时。汪勇几经辗转加入"金银潭区域医护人员需求群"，医护人员的求助刺痛了他的心。"公司人手不够，我去代岗上班。"汪勇第一次骗了妻子，开车到金银潭医院门外，在沉沉夜色里迎来新年。这一天，他跑了30个来回，也开始了他的守护逆行白衣天使之路。经过两三天的接送，医护人员对车辆的需求越来越多，他知道一个人的力量是有限的，需要将微光连成一片，才能照亮整个城市，他把招募接送医护人员志愿者的信息发送到群里，约30人的接送医护人员志愿服务队火速成立。他又多方联系解决在医院周边居住的医护人员的出行需求，联系共享电动车公司投放共享电动车满足更远一些的交通需求。用汪勇自己的话说，凡是能够利用到的，带轮子的出行工具，他都不想放过。"这个事情办不办得成我不知道，但是我一定要办，一定要去沟通。"

从一个城市来说，没有人当市长是不行的；同样，如果没有人去扫地、清除垃圾也是不行的。想当市长的人多的是，想扫地的人肯定不多。但在一个城市里，市长只需要一人，清洁工人却需要几百人、几千人，甚至几万人。无论是心甘情愿的，还是不得已而为之的，只要是在自己的工作岗位上认真负责，尽心尽力，遵守职业道德，这就是一种奉献精神。配送作业管理中涉及的岗位众多，且多为基础岗位，工作内容重复性高，需要工作人员具备爱岗敬业的精神，并在工作中要牢固树立职业理想，强化责任意识，提高技能，保持积极的工作心态，认真履职，只有这样才能保证配送作业各环节的高效运转。

项目任务

张明经过前期各业务部门的锻炼，对公司的各项业务均已熟悉，现公司派张明到公司配送中心工作，张明通过与配送中心的同事沟通及实地学习发现，从概念上理解，配送处于物流作业环节的末端；从功能上来看，配送是整个物流系统的一个缩影。配送看似物流的一个功能，但其作业内容复杂、作业环节繁多，是物流过程中增值作业最能得到体现的一个环节，对整个物流系统的运作具有重要影响，在物流系统中占据着重要地位。

学习目标

知识目标
1. 掌握配送作业的基本流程；
2. 掌握配送路线规划的方法；
3. 掌握车辆配载的基本原则；
4. 掌握提高配送服务质量的方法。

技能目标
1. 能正确按照物流行业的技术标准、规范组织工作；
2. 能正确填写一般物流配送过程中涉及的相关资料；
3. 能合理安排、协调物流配送的进行；
4. 能正确运用物流配送中的各种知识能力进行实际操作。

素养目标
1. 培养学生爱岗、敬业、精益、专注、创新的能力；
2. 培养学生拥有健康的心理、良好的人际交往能力、团队合作精神和客户服务意识。

典型岗位

> **配送主管**
> 1. 负责公司物流配送工作，确保配送工作的顺畅运作。
> 2. 根据销售需求及客户订单及时准确地完成配送工作。
> 3. 检查物流调度的合理性，控制物流运营成本。
> 4. 负责物流车辆调度、派车计划调整等工作。
> 5. 对于产品发货及客户退货进行全程追踪处理。

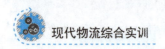

工作任务一 优化配送路线

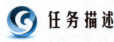

进入公司配送中心后,张明与配送中心张经理对接沟通,了解到现有公司配送路线情况为:配送中心(P_0)向它所服务的 5 家客户 $P_i(i=1,2,\cdots,5)$ 配送商品,配送网络如图 7-1 所示。另外,配送中心现有 2 t 车 3 辆和 4 t 车 2 辆可供使用。现行的配送方案是从 P_0 向各门店分别派车送货,但张经理提出目前配送车辆利用率不高,同时配送成本过高,导致利润下降。假如你是张明,你该如何进行配送路线的规划呢?

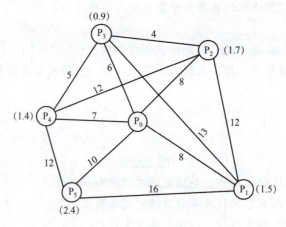

图 7-1 配送网络

任务实操

1. 配送路线设计需考虑的因素

设计配送路线时,需要考虑很多因素,如现有的道路网络分布、配送客户的地理位置等。除了考虑这些因素外,还应考虑配送时遇到的本地流量、道路施工、政府对某些路线的管制等情况。各种因素互相影响,很容易导致送货不及时、服务水平下降、配送成本高等问题。配送路线设计就是整合影响配送运输的各种因素,适时适当地利用现有的运输工具和道路状况,及时、安全、方便、经济地将客户所需要的不同物资准确地送到客户手中,为客户提供优良的物流配送服务。在运输路线设计中,需根据不同客户群的特点和要求,设计不同的路线,最终达到节省配送时间、缩短运输距离和降低运输费用的目的。

请思考讨论,张明重新规划设计路线时需要考虑哪些因素?

2. 配送路线规划方法

1) 配送路线选择

①直送式配送。直送式配送是指一个供应点对一个客户的专门送货。从物流优化的角度看，直送式客户的基本条件是其需求量接近于或大于可用车辆的额定载重量，需专门派一辆或多辆车一次或多次送货。因此，直送式配送情况下，配送追求的是货物的多装快跑，选择最短配送路线，以节约时间、费用，提高配送效率。

②分送式配送。分送式配送是指一个供应点对多个客户的共同配送，其基本条件是同一条路线上所有客户的需求量总和不大于一辆车的额定载重量。送货时，由一辆车装着所有客户的货物，沿着一条精心选择的最佳路线依次将货物送到各个客户手中，这样既保证按时、按量将用户需要的货物送到，又节约了车辆，节省了费用，缓解了交通的压力，并减少了运输对环境造成的污染。但随着配送限制条件的增加，如时间窗口限制、车辆的载重量和容积限制、司机途中总驾驶时间的上限要求、不同路线对行车速度的限制等，最优路线的设计越来越复杂。

练一练

张明接了个临时任务，由配送中心 P_0 向用户 A 和 B 配送货物，若不考虑道路特殊情况等因素的影响，张明有几种配送路线方案？哪种为最优配送路线方案？为什么？

假设 P_0 为配送中心，A 和 B 为客户接货点，各点间的道路距离分别用 a、b、c 表示（见图 7-2）。比较两种运输路线方案：一种是派两辆车分别为客户往 A、B 两地送货，总的运输里程为 $2(a+b)$；另一种是将 A、B 两地的货物装在同一辆车上，采用巡回配送方式，总的运输里程为 $a+b+c$。若不考虑道路特殊情况等因素的影响，第二种方式与第一种方式之差为 $2(a+b)-(a+b+c)$，按照三角原理可以看出，第二种方式比第一种要节约 $a+b-c$ 的里程数。

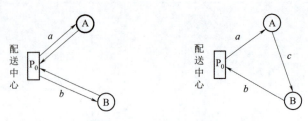

图 7-2 配送路线示意图

2）配送路线优化

张明通过对临时任务的正确选择，获得了配送中心张经理的信任，由他负责配送中心配送路线优化的工作。张明首先对现行方案进行计算，获得现行方案运行结果如下。

①从公司配送中心出发，5 辆车分别向用户开展配送。

②配送中心全部 5 辆车的总配送里程为 78 km。

7.1 节约里程法

张明根据节约里程的原则重新进行配送路线设计，具体步骤如下。

第一步，制作运输里程表，列出配送中心到用户及用户间的最短距离，如表 7-1 所示。

表 7-1 最短距离表（单位：km）

需求量/t	P_0					
1.5	8	P_1				
1.7	8	12	P_2			
0.9	6	13	4	P_3		
1.4	7	15	9	5	P_4	
2.4	10	16	18	16	12	P_5

第二步，由运输里程表、节约里程公式，求得相应的节约里程数，结果如表 7-2 所示。

表 7-2 节约里程表（单位：km）

需求量/t	P_0					
1.5	8	P_1				
1.7	8	12（4）	P_2			
0.9	6	13（1）	4（10）	P_3		
1.4	7	15（0）	9（6）	5（8）	P_4	
2.4	10	16（2）	18（0）	16（0）	12（5）	P_5

第三步，将节约里程进行分类，按从大到小的顺序排列，结果如表 7-3 所示。

表 7-3　节约里程排序

序号	路线	节约里程/km	序号	路线	节约里程/km
1	P_2P_3	10	6	P_1P_5	2
2	P_3P_4	8	7	P_1P_3	1
3	P_2P_4	6	8	P_2P_5	0
4	P_4P_5	5	9	P_3P_5	0
5	P_1P_2	4	10	P_1P_4	0

第四步，根据载重量约束与节约里程大小，将各客户结点连接起来，形成两个配送路线，即 A、B 两个配送方案（见图 7-3）。

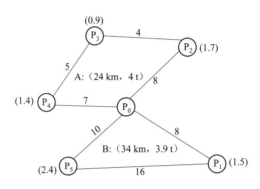

图 7-3　配送方案示意图

①配送路线 A：$P_0 \to P_2 \to P_3 \to P_4 \to P_0$；

运量为 $q_A = q_2 + q_3 + q_4 = 1.7 + 0.9 + 1.4 = 4$ t；

用一辆 4 t 车运送，节约距离为 $S_A = 10 + 8 = 18$ km。

②配送路线 B：$P_0 \to P_5 \to P_1 \to P_0$；

运量为 $q_B = q_5 + q_1 = 2.4 + 1.5 = 3.9$ t<4 t；

用一辆 4 t 车运送，节约距离为 $S_B = 2$ km。

第五步，确定单独送货的配送路线的初始方案配送距离为 39×2=78 km。

第六步，方案对比。

现行方案为使用 5 辆车，车辆利用率为 56%，总运输里程为 78 km。

优化方案为使用 2 辆车，车辆利用率为 99%，总运输里程为 58 km。

综上，总节约里程为 $\Delta S = S_A + S_B = 20$ km。

节约时间为 $\Delta T = \Delta S / V = 20/40 = 0.5$ h。

知识链接

1. 有效的配送路线

有效的配送路线，实际上是保证货物准时到达客户指定地点的前提下，尽可能地减少运输的车次和运输的总路程，在这种思想下，节约里程法已经成为设计配送路线的主要方法。

通常认为，配送是近距离、小批量、品种比较复杂、按用户需要搭配品种与数量的服务体系。从配送中心把货物送到所需要的各个用户手中，有很多不同的路线选择方案。合理地选择配送路线，对企业和社会具有很重要的意义：优化配送路线，可以提高配送效率，对配送车辆做到物尽其用，尽可能地降低配送成本；准时、快速地把货物送到客户的手中，能极大地提高客户满意度，有利于提高企业效益；对社会而言，可以节省运输车辆，缓解交通紧张状况，减少噪声、尾气排放等运输污染，为保护生态平衡、创造美好家园做出贡献。

2. 配送路线规划的考虑因素

进行配送路线优化时，必须有明确的目的，遵循基本的原则。配送路线方案的选择可以从以下几个方面来考虑。

①配送效益最高或配送成本最低。
②配送里程最短。
③配送服务水准最优。
④配送劳动的消耗最小。

3. 节约里程法的基本原理

节约里程法的基本原理是几何学中"三角形一边之长必定小于另外两边之和"。

节约里程法的核心思想是依次将运输问题中的两个回路合并为一个回路，每次使合并后的总运输距离减小的幅度最大，直至达到一辆车的装载限制时，再进行下一辆车的优化。

知识拓展

GIS 在配送路线规划中的作用

地理信息系统 GIS，是以地理空间数据为基础，在计算机软硬件的支持下，对空间相关数据进行采集、管理、操作、分析、模拟和显示，并采用地理模型分析方法，适时提供多种空间和动态的地理信息，为地理研究和地理决策及其他服务而建立的计算机系统，具有信息可视化、空间关系分析等特征。

素养园地

降本增效，建设物流强国

物流成本就是在物流活动中所消耗的活化劳动和物化劳动的总和，也就是伴随着物流活动而发生的各种费用的总和。物流成本也叫作物流费用，它可以反映物流企业活动的经济状态。

物流管理的本质要求就是求实效，即以最少的消耗，实现最优的服务，达到最佳的经济效益，积极而有效的物流管理是降低物流成本、提高物流经济效益的关键。搞好物流管理，可以实现合理运输，使中间装卸搬运、储存费用降低、损失减少；可以协调好物流各部门、各个环节以及劳动者之间的关系，从而提高物流活动的经济利益。

项目七 执行配送作业

任务评价与分析

	评价项目	指标说明	分值	自评分	教师评分
技能能力	确定影响配送路线的因素	明确影响因素	5		
	配送路线方法选择	选择最合适的配送路线方法	10		
	现行配送路线计算	核算车辆及里程等指标数据	10		
	配送路线优化设计	熟练运用节约里程法进行计算	35		
素养能力	思考分析能力	能运用相关的知识结合案例进行分析	20		
	团队合作能力	认真参与讨论,完成相关小组任务	10		
	沟通能力	能及时与成员沟通,完成任务	10		
得分	任务得分	—			
	任务总得分	(自评40%+教评60%)			
分析总结	任务总结				
	反思和建议				

工作任务二　完成货物配装配载

任务描述

张明在完成路线规划设计后,向配送中心张经理进行了汇报,由于重新规划的配送方案在车辆利用率及节约里程方面均优于现行方案,得到了张经理的认可,但同时张经理表示,优化后的方案对车辆的货物配装配载提出了更高的要求,如货物配装配载不合理,将难以按照优化后的方案执行。张明该如何解决这个问题呢?

任务实操

1. 货物配装配载原则

在明确客户的配送顺序后,为了提高配送效率,降低配送成本,减少货损货差,货物配装配载应遵循相应的原则,如表7-4所示。

7.2　货物配装配载原则

表7-4　货物配装配载原则

序号	内容	原则
1	装车顺序	先送后装
2	轻重搭配	重不压轻
3	大小搭配	大不压小
4	货物性质	货物性质相搭配
5	相同地点	到达同一地点,适合配载的货物应尽可能一次装载
6	货物堆码	确定合理的堆码层次与方法
7	最大载重量	不允许超过车辆所允许的最大载重量
8	质量分布	车厢内货物的质量应分布均匀
9	防止碰撞、玷污	应防止车厢货物相互碰撞、玷污

练一练

请思考并讨论,现配送中心接到三个公司向配送中心下的订单,甲公司订购的货物为 0.5 t,体积为 9 m³;乙公司购买的货物为 0.7 t,体积为 8 m³;丙公司购买的货物为 0.8 t,体积为 9 m³。配送中心的配送车辆每辆载重不超过 1.2 t,载重体积不超过 20 m³。结合以上原则,张明应从哪些方面提升货物的装载率?

2. 车辆装载与卸载注意事项

车辆装卸的总要求为省力、节能、减少损失、快速、低成本，具体包括以下几个方面。

①装车前应对车厢进行检查和清扫。

②确定最恰当的装卸方式。

③合理配置和使用装卸机具。

④力求减少装卸次数。

⑤防止货物装卸时的混杂、散落、漏损、砸撞等情况。

⑥装车的货物应数量准确，捆扎牢靠，做好防丢措施；卸货时应清点准确，码放、堆放整齐，标志向外，箭头向上。

⑦提高货物集装化或散装化作业水平。

⑧做好装卸现场的组织工作。

⑨装车堆积的方式有行列式堆码方式和直立式堆码方式。堆积注意事项如下。

a. 堆码方式要有规律、整齐。

b. 堆码高度不能太高。

c. 货物横向不得超出车厢宽度，前端不得超出车身，后端不得超出车厢的长度标准为大货车不超过 2 m；载重在 1 000 kg 以上的小型货车不得超过 1 m；载重在 1 000 kg 以下的小型货车不得超过 50 cm。

d. 堆码时应重货在下，轻货在上；包装强度差的应放在包装强度好的上面。

e. 货物应大小搭配，以充分利用车厢的载容积及核定载重。

f. 按顺序堆码，先卸车的货物后码放。

3. 捆扎

捆扎是配送发车前的最后一个环节，也是非常重要的环节。捆扎是在配送货物按客户订单全部装车完毕后，为了保证货物在配送过程中完好，以及避免车辆到达各客户点卸货时或开箱时发生货物倾倒而必须进行的一道工序。

捆扎时要考虑的问题：捆扎端点要易于固定且牢靠；可根据具体情况选择捆扎形式；应注意捆扎的松紧度，避免货物或包装损坏。

捆扎的形式：单件捆扎；单元化、成组化捆扎；分层捆扎；分行捆扎；分列捆扎。

捆扎的方法：平行捆扎、垂直捆扎及相互交错捆扎。

知识拓展

吨位利用率

　　当车辆按核定吨位满载运行时，就表示车辆的载运能力得到了充分利用，即吨位利用率为100%。配送运输车辆的吨位利用率保持在100%，即按照核对吨位装足货物，既不亏载，也不超载或超限。

$$吨位利用率 = 实际完成周转量/载运行程载重量 \times 100\%$$

　　载运行程载重量，是指载重运行的全部车辆在满载时能够完成的运输工作量。

　　吨位利用率反映了车辆在重载运行中载运能力的利用程度，以100%为标准来判断车辆是否超载或亏载。

任务评价与分析

	评价项目	指标说明	分值	自评分	教师评分
技能能力	掌握配装配载原则	能正确应用各原则于实际中	20		
	掌握车辆装载卸载注意事项	能正确应用各要求于实际中	20		
	绘制车辆配载方案	能正确绘制可行性方案	20		
素养能力	思考分析能力	能运用相关的知识结合案例进行分析	20		
	团队合作能力	认真参与讨论，完成相关小组任务	10		
	沟通能力	能及时与成员沟通，完成任务	10		
得分	任务得分	—			
	任务总得分	（自评40%+教评60%）			
分析总结	任务总结				
	反思和建议				

工作任务三　提升配送服务

任务描述

张明根据配装配载的相关要求，针对现有配送团队的配装配载提出了优化意见，得到了配送中心张经理的认可。但是张经理近期接到客户的反馈意见，末端配送服务现在出现了不少问题，有些忠实客户甚至由于配送服务差逐渐减少了订单。张经理要求张明对配送服务进行摸底并提出改善意见，张明该如何解决这个问题呢？

任务实操

配送服务包括三个最基本的要素，即备货保证、品质保证、输送保证。

围绕配送实现的目标和配送活动过程，配送服务的特点集中体现在时间性、可靠性、沟通性与灵活性四个方面。同时，配送服务可以起到以下作用：

①服务的好坏直接影响配送活动的效率和效果；
②提高配送服务有利于提高物流的整体服务水平；
③配送服务会影响客户对企业的忠诚度和满意度；
④配送服务是区别竞争对手的重要手段，能吸引新客户。

请思考讨论，结合以上配送服务的要素及作用，张明应在哪几个方面进行摸底并提出改善意见？

知识链接

1. 配送服务的重要性

配送服务就是物流配送过程中为满足客户需求实施的一系列配送活动及其产生的结果。配送服务包括与配送业务活动密切相连的基本服务和针对客户需要提供的其他服务，是有效连接供应商、制造商、批发商和零售商的重要手段。

配送服务的目标是不断提高配送服务质量水平，让客户满意的同时降低配送服务成本。

7.3　配送绩效管理

配送服务包括三个最基本的要素：备货保证、品质保证、输送保证。

一般来讲，配送服务涉及的距离较短，配送服务位于物流系统的最末端，处于支线运输、二次运输和末端运输的位置，即到最终消费者的物流。作为直接与客户接触的末端运输来讲，其重要性主要体现在以下方面。

1）配送服务成为企业差别化战略的重要内容

在大批量生产时期，由于消费呈现单一、大众化的特征，企业经营是建立在大规模经济基础上的大量生产、大量销售，物流从属于生产消费，是企业经营中的附属职能。

2）配送服务水平对企业经营绩效具有重大影响

企业经营绩效受很多因素的影响，物流成本的降低会增加企业经营绩效，配送作为物流的一个重要环节，其成本的降低将直接增加企业利润。

配送服务可以起到以下作用：

①服务的好坏直接影响配送活动的效率和效果；

②提高配送服务有利于提高物流的整体服务水平；

③配送服务会影响客户对企业的忠诚度和满意度；

④配送服务是区别竞争对手的重要手段，能吸引新客户。

2. 配送服务质量管理

服务是伴随着供应商和客户之间的接触而产生的无形产品，服务质量则是指服务的固有特性满足客户其他相关要求的能力。由于服务是一种无形产品，而且客户的消费和服务是同时进行的，因此，对服务质量不可能像有形产品那样在销售或消费之前进行控制。

配送服务质量是指反映配送服务活动过程中满足客户明确和隐含需要能力的总和。

在配送服务质量管理中，有四个传统的客户服务要素，即时间性、可靠性、沟通性和灵活性。这些要素是配送服务质量管理中需要考虑的基本因素，也是制定配送服务质量的标准，具体的衡量指标如表7-5所示。

表7-5　配送服务质量的衡量指标

序号	因素	含义	典型的度量单位
1	产品的可得性	是配送服务最常用的度量，一般用百分比表示存货量	百分比
2	备货时间	从下达订单到收到货物的时间长度，一般可得性与备货时间结合成一个标准	速度
3	配送系统的灵活性	系统对特殊及未预料的客户需求的反应能力，包括加速与替代的能力	对特殊要求的反应时间
4	配送信息系统	配送信息系统对客户的信息需求反应的及时性与准确性	配送信息的准确性与详细程度
5	配送系统的纠错能力	配送系统出错需要恢复的程序以及效率、时间	应答与需要的恢复时间
6	配送服务后的支持	交货后对配送服务支持的效率，包括客户配送方案和配送服务信息的修订与改进	应答时间与应答质量

表7-5中反映的服务质量的度量通常以服务提供方的角度表示，如订单的准时性、完整性，订单完整无缺的货物比率，订单完成的准确性和账单的准确性等。在供应链环境下，配送服务质量的衡量标准将更为严密，也更为具体。目前，配送服务质量考核的衡量指标主

要是时间、成本、数量和质量。

配送服务质量管理的基本工作主要包括以下几个方面。

①加强全体职工的质量意识和质量管理水平，建立必要的管理组织和管理制度。

②做好配送服务质量管理的信息工作。

③做好实施质量管理的基础工作。

④建立差错预防体系。

根据目前国内外已有的实践经验看，差错预防体系的建立主要包括以下3个方面的工作。

①配送中心库存货物的调整。

②建立智能配送系统。

③运用新技术。

 知识拓展

> **配送服务质量管理的常用方法**
>
> 配送服务质量管理的常用方法有调查表法、排列图法、因果图法、分层法、亲和图法和PDCA循环法。PDCA循环法的含义是将质量管理分为四个阶段，即Plan（计划）、Do（执行）、Check（检查）和Act（处理）。

 素养园地

中国邮政，使命必达

中国邮政集团有限公司，简称中国邮政，由原中国邮政集团公司于2019年12月正式改制而来，是依照《中华人民共和国公司法》组建的国邮独资公司，公司不设股东会，由财政部依据国家法律、行政法规等规定代表国务院履行出资人职责，公司设立党组、董事会、经理层。公司依法经营各项邮政业务，承担邮政普遍服务义务，受政府委托提供邮政特殊服务，对竞争性邮政业务实行商业化运营。

中国邮政集团有限公司注册资本1 376亿元，按照国家规定，以普遍服务、寄递业务、金融业务、农村电商等为主业，实行多元化经营。

中国邮政集团有限公司在2022年《财富》世界500强企业排名第81位，首次超越日本邮政，在世界邮政企业排名第一。

1. 行业发展规模和质效明显改善。

邮政行业收入规模迅速扩大，由2012年的1 980亿元增长到2020年的11 038亿元，年均增长24%，快递业务量从57亿件增加到835亿件，净增14倍，年均增长40%。邮政和快递服务的有效申诉率显著下降，快递平均单价从18.5元降低到10.6元。

2. 人民群众用邮水平全面提高。

邮政普遍服务的均等化基本实现，营业网点实现了乡镇全覆盖，建制村全部实现直接通邮。快递网络的覆盖范围则更加广泛，乡镇网点的覆盖率达到了98%，直接投递到村的服务比重超过了一半，重点地区快递服务的全程时限缩短到58个小时。

3. 企业培育跃上了新的台阶。

中国邮政世界500强的排位从2012年的258位跃升到2020年的74位，位列世界邮政企业第2位，培育出了3家年业务收入超千亿元、4家年业务收入超500亿元的大型快递企业集团，8家快递企业已经成功改制上市。

4. 文化软实力显著增强。

邮政公共文化平台初步建成，8年来共发行纪特邮票280套，共877枚。社会主义核心价值观深入行业，培养出了一批以其美多吉、汪勇为代表的行业模范。

5. 创新型发展战略取得了重大进展。

中国邮政基本实现了服务功能的多元化、寄递服务的快捷化、内部作业机械化、自动化和生产组织的信息化。行业科技创新的体系进一步健全，人才队伍向专业化大幅迈进。

中国邮政，使命必达。再远的地方，只要是中国的国土，就能看到中国邮政的身影。

任务评价与分析

	评价项目	指标说明	分值	自评分	教师评分
技能能力	了解配送服务的重要性	了解其重要性及作用	20		
	掌握配送服务质量管理的知识	正确运用四要素相关知识	20		
	制定配送服务质量制度标准	满足时间、成本、数量和质量要求	20		
素养能力	思考分析能力	能运用相关的知识结合案例进行分析	20		
	团队合作能力	认真参与讨论，完成相关小组任务	10		
	沟通能力	能及时与成员沟通，完成任务	10		
得分	任务得分	—			
	任务总得分	（自评40%+教评60%）			
分析总结	任务总结				
	反思和建议				

参 考 文 献

［1］北京中物联物流采购中心. 物流管理职业技能等级认证教材［M］. 2版. 南京：江苏凤凰教育出版社，2022.
［2］余名宪. 智能物流设备与应用［M］. 北京：北京理工大学出版社，2022.
［3］李庆. 运输管理实务［M］. 3版. 大连：大连理工出版社，2020.
［4］赵艳俐. 采购与供应链管理实务［M］. 长沙：湖南师范大学出版社，2020.
［5］胡子瑜. 仓储与配送管理实务［M］. 长春：东北师范大学出版社，2019.
［6］米志强. 物流信息技术［M］. 3版. 北京：电子工业出版社，2021.
［7］郭淑红. 物流客户关系管理［M］. 北京：清华大学出版社，2021.